評伝

カタリン・カリコ

その激動の人生と軌跡

まえがき

　ハンガリーは小国である。人口は、約980万人、国土面積は9万平方キロメートル、他方、日本は、人口が1億2,500万人、国土面積は37万平方キロメートルである。ハンガリーに比べて、日本は、それぞれ、約13倍、そして、約4倍の大きさである。

　このような小国、ハンガリーから、世界の経済界、科学界に大きな足跡を残した先人たちがいた。ジョン・フォン・ノイマン氏は、コンピュータの開発、そして、負の側面ではあるが原子爆弾開発へ関与した。また、世界の経済動向に大きなインパクトを与え続けている投資家のジョージ・ソロス氏、そして、米国インテルの第3番目の社員として入社したアンドルー・グローヴ氏ら、全て、ハンガリーの首都、ブダペスト出身である。今回、新型コロナウイルスパンデミックを抑制することになったワクチン開発の救世主、カリコ博士は、ハンガリーの小都市、ソルノク出身である。このような観点から、「今、日本人で世界の科学界・経済界におけるパラダイム・シフトまたは変革を起こした科学者・経済学者がどの程度存在しているのか」を考えたとき、すこし、立ち止まってしまう。

　中国は経済的にGDPで世界第2位となってから久しいが、この新型コロナウイルスのパンデミック下の中でも、科学の世界で、とうとう、世界第2位に位置づけ、米国に迫る勢いで、猛追している。日本においては、自然資源に乏しく、国土もほとんどが山で有効利用できる面積が限られ、科学技術立国でなければ、自立できないという"地理的な宿命"を背負っている。日本は、地政学的に、運が良いのか悪いのかは、後世の歴史が証明すると思うが、「眠れる獅子が覚醒して全世界をその支配下に置こうとしている」大国、中国の隣人でもある。

　今回、新型コロナウイルスに対する全く新規の概念であるmRNAワクチンを

数十年間の苦闘の末に開発にこぎ着けたハンガリー出身のカリコ博士の劇的な人生を、その時代史の中で、捉えながら、日本の将来がどうあるべきかを、若き人々、そして、若き科学を目指す人々に、何らかのヒントを与えることができるのではないかとの、"憂国"の思想の下で、本書を書き上げた。

　これからの日本の科学技術立国の土台を作る若者、そして、自分の生き様を激動の時代に生きたカリコ博士の人生と重ね合わせて自分史を振り返りたいと思う読者に、本書が届けられれば望外の幸せである。

2021 年 8 月 3 日
筆者：吉成河法吏

4

目次

1 はじめに

　カリコ博士は、朝 6 時にはいつも、娘のスーザンにならって自宅の部屋のトレーニングマシーンで、ボートのオールを漕ぐ。その後、6km のジョギングをこなす。顔からは汗がしたたり落ち、体は心地良い疲れに満たされる。彼女こそ、2019 年 12 月に、中国・武漢市で発生した新型コロナウイルスパンデミックの激流から、人類を救うことになった、ハンガリー生れの生化学者、カタリン・カリコである。メッセンジャー RNA（mRNA）ワクチンという、世界にまだ存在しなかったジャンルでの新型コロナウイルスワクチン開発の立役者だ。このワクチンは臨床試験をクリアし、2020 年 12 月に米国の緊急使用許可を得た後、各国で使用されるに至った。2021 年 8 月 23 日には、米国 FDA（アメリカ食品医薬品局）の世界でも最も厳しい審査に合格して、正式承認に至った。カリコ

カリコ博士

博士は、そのとき既に、66 歳だった。これまでの半世紀以上の人生は、必ずしも平坦ではなく、普通の人間なら挫折していたであろう茨の道、そして、研究生活だった。何が、カリコ博士の研究心を突き動かし、継続させたのであろうか？

彼女の人生を振り返ることは、今後の日本の科学界にとって、1 つの重要な道導になるであろうと思われ、その時代史・科学史とともに、歴史を振り返ることにした。

ワクチン開発の通常の流れと mRNA ワクチン

　ワクチン・医薬品開発は通常、数年から 10 数年かかる。だが、カリコ博士らの開発した mRNA ワクチンに関しては、新型コロナウイルス（SARS-CoV-2）の遺伝子配列発表から第 1 相臨床試験まで、わずか 6 ヵ月で成し遂げて、FDAの緊急使用許可を得るまで 1 年以内と、まさにワープスピードだった。（1001）。この迅速さには、以下のようないくつかの要因があった。

1）コロナウイルスの発病機序におけるスパイクタンパク質の役割及びスパイクタンパク質に対する中和抗体の重要性に関するエビデンスの集積と理解
　　2）ワクチン創製及び核酸ワクチン技術プラットフォームの進化（いったん遺伝子配列がわかれば迅速な量産が可能に）
　　3）開発アクションの変化（臨床試験研究参加者に対するリスクを増やさず、並行実施が可能に）

　新規の基盤技術を用いた COVID-19 mRNA ワクチンではあったが、従来の不活化ワクチン、弱毒化生ワクチン、タンパクサブユニットワクチン、ウイルスベクターワクチンなどと比べて、格段のスピードで開発できた。

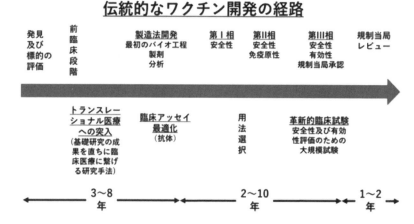

（出典：NEJM　doi: 10.1056/NEJMe2025111）

[1001] Penny M. Heaton. The Covid-19 Vaccine-Development Multiverse. N Engl J Med 2020; 383:1986-1988, doi: 10.1056/NEJMe2025111

2 幼年時代 (1955 - 1962)

　カタリン・カリコは、1955年1月17日、ハンガリーの首都ブダペストから東に150km離れた地方都市ソルノクで生まれ、そこから50kmほど東のキスゼラス（キシュウーイサーッラシュ）市で育った。父親は精肉業、母親は事務員で、決して裕福な家庭ではなかった。世界は米ソの冷戦構造の枠組みの中で緊張関係を強いられていた時代でもあり、ハンガリーは共産主義陣営に属していた。

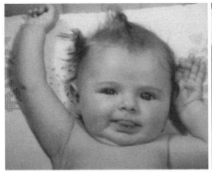
1955年　カタリン・カリコ誕生

1955年　両親とともに

1955年　カリコ博士の家族写真

1958年　カリコ博士の姉と一緒の写真

11

1961 年　プールにての楽しい一時

1953 年 3 月 5 日、ソ連の独裁者スターリンが死去した。ソ連はもとより、ハンガリー等の共産主義世界に激震が走った。1956 年 2 月、ソ連共産党第 20 回大会で、フルシチョフ第一書記が思いきったスターリン批判を行い、ハンガリー等の東欧諸国にきわめて強烈な衝撃を与えた。非スターリン化の傾向が支配的となり、ハンガリー国内も騒然となった。1956 年は、共産圏諸国にとっては、いわゆる"自由化"の出発点となった一大転換の年といえる。同年 6 月には、ポーランドのボズナンで労働者の暴動が起こった。そうした報道が伝わるとハンガリーでも事態は急速に進展し、10 月 23 日には動乱となって爆発した。ハンガリー動乱は 13 日間続いた後、11 月 4 日、ナジ政権がソ連戦車の砲火に屈するという、悲劇的な結末を迎えた。世界史的に見ると、小国であるハンガリーにとっては、ソビエト連邦という大国との対峙の中で、先の見えない時代でもあった（1001 ～ 1003）。

　このような時代に生を授かったが、カタリン・カリコは、家族でプールに行き、姉といろいろな遊びをして過ごすなど、楽しい幼年時代を送った。

研究トレンド　DNA の二重らせん構造の発見（1953 年）

　1944 年、米国ロックフェラー研究所のオズワルド・エイブリーらは、遺伝子の正体は核酸、すなわち、DNA（デオキシリボ核酸）であることを発見した。彼らは、肺炎双球菌を用いて、加熱処理した抽出液に含まれる形質転換因子である遺伝子が、タンパク質や脂質の分解酵素では分解できず、DNA 分解酵素でその機能が喪失することを実験的に確かめたのである（2001）。

　1953 年 4 月 25 日、米国の分子生物学者ジェームズ・ワトソンと英国の生物学者フランシス・クリックが、Nature に「核酸の分子構造－DNA の構造」と題したわずか 2 ページの論文を発表した（2002）。DNA の構造は、図のよ

うに、同一軸の周囲をお互いがコイル状になった二重らせん鎖であるとの革新的な考え方を提唱した。この二重らせん構造を可能にしているのは、プリン塩基とピリミジン塩基の組み合わせである。つまり、アデニン（プリン）とチミン（ピリミジン）、そして、グアニン（プリン）とシトシン（ピリミジン）が対になっている。この構造は、DNAに含まれるデオキシリボース構造がRNAに含まれるリボース構造に変わった場合には、余分の酸素原子がファンデルワールス接触をあまりにも近接させてしまうので、おそらく不可能である。ファンデルワールス力は、原子、イオン、分子の間に働く力（分子間力）の一種である。

ここで提唱された塩基のペアリングから、遺伝子物質の複製機構が自ずと理解できる。なぜなら、特異的な塩基対のみが形成されるのであれば、一方の鎖上の塩基配列に対し、他方の鎖上の塩基配列は、自動的に決定されるからである。このように1本の遺伝子鎖から相補的な遺伝子鎖が複製されるメカニズムも説明できる革命的な発見だった。

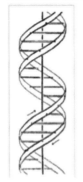

図　ワトソンとクリックが
提唱したDNAの
二重らせん構造

（出典:Nature 1953; 171: 737-738.
https://doi.org/10.1038/171737a0）

[1001] リトヴァーン・ジェルジュ編, 田代文雄訳. 1956年のハンガリー革命. 現代思潮新社, 2006.
[1002] 矢田俊隆. 世界現代史26　ハンガリー・チェコスロバキア現代史, 第2版. 山川出版社, 2002.
]1003] 羽場久美子. ハンガリーを知るための60章 ドナウの宝石, 第2版. 明石出版, 2018.
[1004] 山田順. "「mRNAワクチン」で人類を救ったカタリン・カリコ博士の物語." Yahoo! ニュース. 2021-07-05.
[2001] Avery OT.; Macleod CM.; McCarty M.; Studies on the chemical nature of the substance inducing transformation of pneumococcal types: induction of transformation by a desoxyribonucleic acid fraction isolated from pneumococcus type III. J Exp Med. 1944; 79(2): 137-158, doi: 10.1084/jem.79.2.137. PMID: 19871359; PMCID: PMC2135445.
[2002] Watson J.; Crick F. Molecular structure of nucleic acids: a structure for deoxyribose nucleic acid. Nature. 1953; 171: 737-738, https://doi.org/10.1038/171737a0

3 義務教育時代 (1962 - 1973)

　ハンガリーの義務教育は、日本での小学校と中学校に相当する 8 年間だ。ちょうど分子生物学の黎明期にあたる時期、カタリン・カリコは、国立アラニュ・ヤーノシュ小中学校で、既に生物学に興味を示すようになっていった。そして、国立モーリッツ・ジグモンド高等学校では、生物学で最優秀の生徒に与えられる第 1 回イェルミ・グスターブ章を受賞し、将来科学者となる片鱗を見せていた。

1965 年　学校での身分証明書

1968 年　友達と一緒の写真

1969 年　賞状 OKLEVEL

研究トレンド **伝令 RNA（mRNA）の発見の時代（1961 年）**

　分子生物学におけるセントラルドグマである DNA →（転写）→ mRNA →（翻訳）→タンパク質の中間に位置する mRNA はいつ発見されたのか。現時点で、mRNA の発見に対して、誰もノーベル賞を受賞していない。逆に考えると、mRNA の発見に寄与した科学者がたくさん存在したことを意味する。

　1961 年 5 月 13 日号の Nature ではワトソンのほか、シドニー・ブレンナー、フランソワ・ジャコブなど一流の科学者が名を連ねた論文が発表された。遺伝子からリボソーム（タンパク質を合成する装置）を通してタンパク質合成に至る過程で関与する"不安定な中間体"に関する論文だ。同月、ジャコブとジャック・モノーは、分子生物学では最も有名な雑誌である Joural of Molecular Biology で、理論的にではあるが、遺伝子発現における mRNA の存在に関する議論を行った。これらの論文の内容は、創造的な離れ業のようなもので、遺伝子発現に関する全く新規の考え方を提唱したのだった（3001）。遺伝子の本体である DNA は、細胞の核の中に緊密に納められているが、タンパク質は細胞質で作られる。細胞において全く異なる部分に"DNA"とその産物である"タンパク質"が存在していることになる。そこで、モノーとジャコブは、「細胞質でタンパク質を作る装置」に核からの情報を伝える中間的な分子、メッセンジャー（伝令）が必要であると考えた。このメッセンジャーこそ、伝令 RNA（mRNA）だった。

　なお、モノーとジャコブは 1965 年、mRNA とは別の"オペロン説"で、ノーベル生理学・医学賞で受賞している。オペロンはゲノム上に存在する機能的な単位のひとつであり、原核細胞の遺伝子の転写調節に関わる。

図　細胞の構造模式図：核と細胞質

遺伝子：通常は、DNAであるが、
新型コロナウイルスの場合は、RNA

　mRNA ワクチンの土台となる理論的基礎は、このように半世紀以上も前に、科学界に提唱されていた。ただし、mRNA の発見者は誰であるかとなると、以下のように多くの科学者が発見を主張しているので、断定は困難である。

　1）1947 年に、DNA が RNA を産生し、その後、タンパク質合成に至ると

論じた最初の人は、アンドレ・ボアヴァンである。

2）1950年に、小型のRNA分子が核から細胞質に移動し、タンパク質合成装置であるリボソームと結合して、タンパク質合成を促すと最初に示唆したのは、レイモンド・ジェーナーである。

3）現在、私たちがmRNAとして同定しているものに関する最初の報告は、1953年にアル・ハーシェイグループ、1956年にボルキンとアトラカンによりなされた。

4）mRNAが存在するかもしれないことは、最初、ブレンナーとクリックの洞察を通して示唆された。他方、ジャコブとモノーはmRNAと名付け、理論的な枠組みの中で提唱した。

5）mRNAの最初の明瞭な記述は、1つはブレンナー、クリックとメーセルソンの研究と、もう1つはワトソンのチームの共同研究だった（ただし、前者のグループが最初の結果を得ている）。

6）最終的に、mRNAの機能を最初に証明したのは、ニーレンバーグとJ・ハインリッヒ・マッセイだった。彼らの実験は、コドン解読の第一歩となった。

このように、誰がmRNAを発見したかに関しては、複雑で、特定困難である。したがって、ノーベル委員会もこの発見に対するノーベル賞を与えることができなかった。

モノーは、分子生物学の第一人者であると同時に、科学哲学者でもあり、「偶然と必然」の著書の中で、こう述べている。

「生物学が諸科学のあいだで占める位置は、周辺にあると同時に、中心にあるといえよう。周辺にあるというのは、生物の世界が、すでにわかっている宇宙のなかの微小な、ごく（特殊な）一部分を形づくっているにすぎず、したがって生物の研究が生物圏以外にも適用するような一般法則をあばきだすなどということは、およそ、ありそうもないように思われるからである。だが、私が信じているように、あらゆる科学の究極の野心がまさに人間の宇宙に対する関係を解くことにあるとするならば、生物学に中心的な位置を認めなければならなくなる」と、"生物学"の科学における絶対的な位置づけに言及している（3002）。

カタリン・カリコは、子供の頃から生物学に興味を抱き、研究で頭角を現し、

その本質の追求へと突き進むことになった。

研究トレンド COVID-19 mRNA ワクチンの作用機序

1）mRNA ワクチンの製造法

　COVID-19 mRNA ワクチンは、歴史上初めての mRNA 技術を用いたワクチンである。研究から実用の段階に向け、このワクチンを地球上の全ての人に接種するためには、工業的なスケールでの製造が必要となる。柿谷技術士事務所所長である柿谷均氏が、「工業製品としての mRNA ワクチン」と題した報告で、その製造方法の概略を簡潔に纏めている（3003）。同氏は、東ソー株式会社、相模中央化学研究所、玉川大学学術研究所を経て現在まで、バイオテクノロジー分野に数十年携わってきた

●mRNA は極めて不安定でありまた単独では細胞に入らないなどの問題があったが、2005 年のカリコとワイスマンらの論文を突破口として、解決の方向に向かった。

●その論文の詳細は後述するが、mRNA を構成する塩基を化学的に修飾すると、細胞に見つかりにくくなること（ステルス効果）が明らかとなった。COVID-19 mRNA ワクチンの mRNA は、通常、新型コロナウイルスの表面タンパク質であるスパイクタンパク質をコードする遺伝子情報を含んでいる。

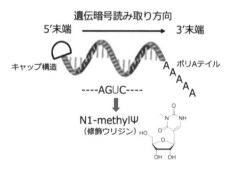

図1　ワクチンの有効成分であるmRNA

（出典；柿谷均 ." 工業製品としての mRNA ワクチン ."2021-8-15 株式会社 IBLC, https://www.iblc.co.jp/column/047/）

●特に、4 つの塩基のうちウリジンをN 1- メチルシュードウリジンへ置換すると（図 1）、挿入した細胞から排除されにくくなった。

●この置換により mRNA が安定化し、かつ、タンパク質合成が促進されることもわかった。

● mRNA 単独では細胞に送達できないが、mRNA を脂質でカバーすることで細胞への到達を可能にする技術も同時に開発した。

●ファイザー（米国）／ビオンテック（ドイツ）とモデルナ（米国）のワクチンの mRNA 部分の設計はほぼ同じであるが、細胞送達に関与する脂質部分で大きな差異がある。

●裸の mRNA は極めて安定性が低いうえ、ポリアニオンであるため細胞膜を通過しない。この課題を解決するために、数種類の脂質からなる構造体である LNP（lipid nanoparticle：脂質ナノ粒子）を開発した。ポリアニオン性の mRNA の電荷を解消するためのカチオン性の脂質と、LNP の外側に親水性を付与する PEG-脂質である。PEG は、ポリエチレングリコールの略号である。

● mRNA-LNP（模式図参照）：低温顕微鏡、小角中性子散乱及び小角 X 線散乱を用いた検討により、LNP に mRNA のコピーがいくつか入っていて、その mRNA が LNP の中心コアを占めるイオン性脂質に結合していることが明らかとなった。PEG-脂質は、2 重膜を形成する DSPC とともに、LNP の表面を形成している。

●この LNP の組成は、製造会社ごとの機密事項のため詳細は明らかではないが、模式図に示したように、カチオン性脂質、コレステロール、リン脂質及び PEG の組合せである。そして、これらの脂質が自己会合して、mRNA を包むように約 100nm のナノ粒子となる。

図　mRNA-LNPの模式図

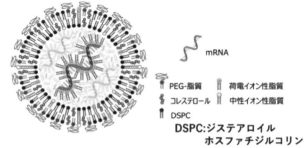

mRNA

PEG-脂質　　荷電イオン性脂質
コレステロール　中性イオン性脂質
DSPC

DSPC:ジステアロイル
ホスファチジルコリン

（出典：Vaccines 2021, 9, 65　19 January 2021
https://doi.org/10.3390/vaccines9010065より）

● mRNA ワクチン粒子のサイズ約 100nm は、新型コロナウイルスの大きさとほぼ同等である。因みに、抗体（IgG）のサイズは約 15nm。エアロゾル感染（空気感染）が SARS-CoV-2 の主要な感染経路であるといわれているが、エアロゾルのサイズは 5 μ m（5,000nm）未満である。

図　新型コロナウイルス、エアロゾル及びモノクローナルIgG抗体のサイズのイメージ

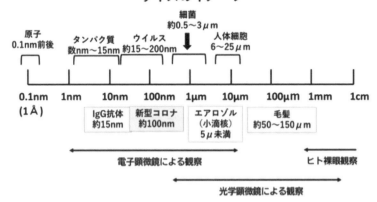

mRNA ワクチンは脂質粒子でカバーされているために、超低温槽（通常、－70℃程度の超低温下）で保管されなければならない。

2）mRNA ワクチンの作用機序
標的抗原をコードする mRNA ワクチンが送達されると、細胞はその mRNA を取り込み、その場でタンパク質に翻訳する。そして、個人の免疫システムが、標的タンパク質に対する強固な獲得免疫応答を誘導する（3004）。
　1）mRNA-LNP が筋肉内注射されると、mRNA-LNP は、細胞の内部に入り、注射部位及び流入領域リンパ節の両方で抗原提示細胞により翻訳される。
　2）このようにして、獲得免疫応答の開始が促進されることになる。
　3）さらに、LNP は、mRNA が核酸分解酵素により分解されれることを防御する働きをしている。

COVID-19 mRNA ワクチンにより誘導される免疫応答は、動物実験から下

記のように考えられている（言葉の説明も含めた詳細は、第13章参照）。

1）SARS-CoV-2 mRNAワクチンが筋肉内注射される。
2）mRNA-LNPか局所で産生された抗原のどちらかが、樹状細胞のような抗原提示細胞に取り込まれる。
3）これらの抗原提示細胞は、次に、CD4陽性及びCD8陽性T細胞をプライミングできるリンパ節に移動する。
4）CD8陽性T細胞のプライミングは、感染細胞を直接殺す細胞傷害性T細胞を誘導する。
5）抗原でプライミングされたCD4陽性T細胞は、Th1細胞またはT濾胞性ヘルパー（Tfh）細胞に分化できる。
6）Tfh細胞が胚中心反応を開始する手助けをする。ワクチン接種で誘導される胚中心反応により、親和性成熟B細胞及び抗体分泌長寿命プラズマ細胞の形成へと至る。
7）Tfh細胞は、Th1またはTh2表現型のどちらかへと誘導される。
8）このことが、抗体分泌長寿命プラズマ細胞が産生する抗体のTh1またはTh2関連抗体へのクラススイッチイングに影響を与える。

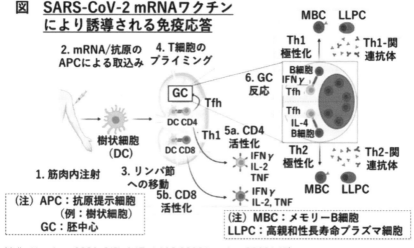

図　SARS-CoV-2 mRNAワクチンにより誘導される免疫応答

（出典：Vaccines 2021; 9(2): 147, doi:10.3390/vaccines9020147）

mRNAの取り込みと生体内分布及びmRNAワクチンに対する自然免疫応答

が、獲得免疫応答開始に重要である。

[3001] Matthew Cobb. Who discovered messenger RNA? Current Biology 2015; 25(13): R526-R532, https://doi.org/10.1016/j.cub.2015.05.032
[3002] ジャック・モノー, 渡辺格・村上光彦訳. 偶然と必然. みすず書房, 1972.
[3003] 柿谷均. "工業製品としての mRNA ワクチン." 株式会社 IBLC. 2021-08-15, https://www.iblc.co.jp/column/047/
[3004] Bettini E.; Locci M. SARS-CoV-2 mRNA vaccines: immunological mechanism and beyond. Vaccines. 2021; 9(2):147, doi:10.3390/vaccines9020147

4 ハンガリーでの大学時代(1973-1978)

　カタリン・カリコは、1973年にチョングラード県セゲド市の国立ヨージェフ・アティッラ大学（JATE［ヤテ］、現在の国立セゲド大学［SZTE、エヌテ］）に入学して、1978年に卒業した。国立セゲド大学はハンガリーの超難関大学として知られている。彼女は、非常に優秀で、1975年から1978年までは人民共和国奨学金を得ていた。

1974年　大学時代のカリコ19歳

ハンガリーの超難関大学である国立セゲド大学

研究トレンド **モノクローナル抗体の誕生（1975年）**

　1975年8月7日、セーサル・ミルスタインとジョルジュ・J・F・ケーラーによるわずか3ページのモノクローナル抗体の作成方法に関する論文が、Natureに発表された（4001）。

　モノクローナル抗体とは、単一の抗体産生細胞をクローニングして作られた抗体であり、その抗体は、抗原の単一エピトープ（抗体が認識する抗原中の部位）

を認識する。通常の抗体（ポリクローナル抗体）は抗原で免疫した動物の血清から調製するため、いろいろな抗体分子種の混合物となる。実験室では、マウス、ウサギ、ヤギなどの動物に抗原を注射して免疫応答を誘導し、抗体を調製している。

　ミルスタインはアルゼンチンからの移民である。彼が、1963年に英国ケンブリッジの分子生物学に関するイギリス医学研究審議会（MRC）ラボラトリーに来たときから、モノクローナル抗体の歴史は始まる(4002)。ミルスタインは、分子生物学研究室のタンパク質核酸化学部門のリーダーだったフレッド・サンガーに勧められて、抗体の多様性がどのようにしてできるのかを調べ始めた。体内で産生される何十億もある中から既知の特異性をもった単一の抗体を単離・精製することは不可能だった。1951年、ニューヨークのロックフェラー研究所のヘンリー・クンケルは、ミエローマ細胞（骨髄腫細胞）がまさに単一の特異的な抗体を産生することに気づいた。ミエローマ細胞は抗体研究において重要な道具となった。1973年、ミルスタイン研究室にオーストラリアから来たばかりの博士研究員ディック・コットンが、免疫グロブリンを産生するミエローマ細胞の2種類を融合させると、ハイブリッド細胞株ができて、両方の親株のミエローマ抗体を分泌することを明らかにした。産生された抗体の特異性はわからなかったものの、この研究がハイブリッドクローン生成技術として、非常に重要なものとなった。

　スイスのバーゼル免疫研究所で、ミルスタインがこの研究結果を発表したとき、博士課程の学生であるドイツ人、ジョルジュ・ケーラーと出会った。ケーラーは1974年4月、ミルスタイン研究室に大学院生として入ることになった。既知の特異性を持った単一の抗体を産生するB細胞をクローニングする手法はいくつかあったが、ケーラーとミルスタインの手法は、ハイブリドーマ（2種の細胞の融合細胞）を作成することだった。ミエローマ細胞株 P3-X63-Ag8 由来の細胞をヒツジの赤血球で免役したマウスからの脾臓細胞と融合させた。次にこの細胞をヒポキサンチン（H）・アミノプテリン（A）・チミジン（T）培地（HAT 培地）で、2週間培養した。ミエローマ細胞は、ヒポキサンチン - グアニンホスホリボシルトランスフェラーゼ酵素（HGPRT）の発現が欠失している。HGPRT は HAT 培地での細胞増殖に必要であり、融合しない B 細胞は生存で

きなくなる。したがって、融合した細胞のみが生き残ることができる。このようにして、彼らは、ミエローマ細胞の不死性とヒツジ赤血球に対する特異的な抗体を産生する能力を備えたハイブリドーマを作成した。さらにいくつかの技術的な課題を克服して、モノクローナル抗体を大量に分泌するいくつかのハイブリドーマ生成に成功したのである。ミルスタインとケーラーは、1984年に、ロンドン生まれのデンマークの免疫学者ニールス・イェルネとともに、ノーベル生理学・医学賞を受賞した。

モノクローナル抗体作製は、現在ではハイブリドーマの手法ではなく、遺伝子工学的な作成が容易になり、SARS-CoV-2のスパイクタンパク質に対するモノクローナル抗体も簡単に作成できる。このようにして作製した抗体として、例えば、米国リジェネロンのREGN-COV抗体カクテルがある。米国大統領選の真只中で、トランプ大統領が新型コロナウイルスに感染した際、承認前にもかかわらず使用された薬である。2020年10月2日の入院から、わずか3日後の10月5日に退院できたことでも有名になった。日本では、中外製薬が2020年10月20日、ロシュ（スイス）とCOVID-19に対する「カシリビマブとイムデビマブ」の抗体カクテル療法（REGN-COV）について、「日本における開発および販売に関するライセンス契約」を締結した後に販売を開始し、臨床現場に多大なる貢献をした。

2021年9月27日、グラクソ・スミスクライン社は、プレスリリースにて、"モノクローナル抗体「ゼビュディ点滴静注液」（一般名：ソドロビマブ）、新型コロナウイルス感染症（COVID-19）に対する治療薬として製造販売承認（特例承認）を取得"したことを発表した。本治療薬は、酸素治療を必要としない軽症・中等症かつ重症化リスクが高いと考えられる患者が対象となり、上記の"カシリビマブとイムデビマブ"と同様な治療薬である。

[4001] Köhler, G.; Milstein, C. Continuous cultures of fused cells secreting antibody of predefined specificity. Nature. 1975: 256: 495-497, https://doi.org/10.1038/256495a0
[4002] Leavy, O. The birth of monoclonal antibodies. Nat Immunol. 2016; 17: S13, https://doi.org/10.1038/ni.3608

5 博士課程コース （セゲド生物学研究センター）（1978-1982）

　大学卒業後、1978 年から 1982 年までハンガリー科学アカデミーの奨学金を受けて、セゲド生物学研究センターで、有機化学者のトマス・イェネーの下で、博士課程の研究を行った。研究テーマは、合成 RNA の抗ウイルス効果を調べることだった。ハンガリー科学アカデミー（ハンガリー語 Magyar Tudományos Akadémia：MTA）は、ハンガリーにおける最高の権威を持つ学会だ。下図は、その学会の身分証明書（ハンガリー語：IGAZOLVÁNY）である。カリコ博士は、RNA 分子の研究を続けたが、資金を使い果たし、新しい研究助成金を必死になって探した。本人も認めるところであるが、彼女は恐ろしいほどの"セールスパーソン"でもあった。彼女の研究を説明するとき、彼女の心は、1 分で百万マイルも飛んでいたので、ほとんどの人はその思考に追いつくことはできなかった。

1978 年　ハンガリー科学アカデミー
Magyar Tudományos Akadémia の ID

1979 年　カリコ博士の両親との写真
この間、1980 年にエンジニアの
フランツィア・ベーラと結婚した。

1980 年　エンジニアのフランツィア・ベーラとの結婚

1980 年　セゲド生物学研究センターのカリコ博士

研究トレンド　制限酵素の発見の時代（1971 − 1978）

　分子生物学の発展にとって重要な発見のひとつに、制限酵素がある。制限酵素は、DNA 遺伝子の物理的地図の作成等には必須の道具である。制限酵素研究の歴史を、簡単に説明する。

　1971 年 12 月、米国ボルチモアにあるジョンズ・ホプキンス大学のキャスリーン・ダンナとダニエル・ネイサンズが、米国科学アカデミー紀要誌（PNAS）に、制限酵素に関する重要な論文を発表した（5001）。彼らは、"エンドヌクレアーゼ R"と呼ばれていた制限酵素が、「サルの発がん性ウイルスである SV40 のDNA の特異的な断片を産生するために使用できること」を初めて発見した。ポ

リアクリルアミドゲル電気泳動で、これらの断片がお互いから分離して観察できることも発見した。SV40（Simian virus40）は、ポリオワクチンを産生していたアカゲザル腎臓細胞に感染しているウイルスとして発見された。SV40 は、発がん性ウイルスで、4,500 塩基対の DNA 遺伝子を持っている。

　"エンドヌクレアーゼ R "は、もともと、ハミルトン・スミスとケント・ウィルコックスが発見していた。スミスは、特異的に切断するこの酵素の価値をすぐに認識してはいなかった。一方、ネイサンズは「切断の結果生じた遺伝子断片が、SV40 の物理的地図の作成に使用できるばかりではなく、この地図により複製のオリジンのマッピングと SV40 遺伝子の初期及び後期遺伝子のロケーションが可能である」ことを証明した。

　制限と修飾という現象は、1952 年から 1953 年にルリア、ヒューマン、ベルターニとワイグルによって、初めて遺伝学的に観察された。ただし、彼らはこうした現象を、宿主が誘導するか、宿主によってコントロールされた変動と見ていた。また、いくつかの異なるバクテリオファージの増殖能力が宿主株によって変動することを観察した。しかしながら、ある株でいったん増殖が可能となった場合、そのファージは同じ宿主で増殖を継続できたが、異なる宿主株ではその増殖能力が制限された。1960 年代になって初めて、この現象を説明する理論が、ウェルナー・アーバーにより提唱され、その研究室で生化学的に証明された。同時期に、マット・メーセルソンとボブ・ユアンが大腸菌 K 株から制限酵素を単離している。これらの制限酵素は、I 型制限酵素と呼ばれ、DNA 配列を特異的に認識するが、DNA をランダムに切断する性質だったために、クローニングや物理的地図の作成には使えなかった。

　ブレイクスルーは、1970 年、スミスの研究室から、起こった。"エンドヌクレアーゼ R" なる酵素が、バクテリオファージ T7 の DNA を特異的な断片に切断することがわかった。これが II 型制限酵素と呼ばれるもので、いまや、分子生物学のどの研究室でも冷蔵庫に保管されている。

　制限酵素は、DNA 配列解析に大いに貢献した。

　フレッド・サンガーが、最初に RNA の塩基配列解析手法を開発したのは、転移 RNA（tRNA）や 5S RNA のたくさんの小型の RNA が存在したからである。それまで比較的短い DNA は知られていなかったが、制限酵素が利用できるよう

になってから、この状況は一変した。サンガー研究室で使用された最初のプライマーのいくつかは、4塩基対の配列を認識する制限酵素で、φX174バクテリオファージDNAの切断で産生される小さな遺伝子断片だった。

　また、ウォルター・ギルバートとアラン・マキサムによって開発された化学的な遺伝子配列解析法もまた、化学的分解の前に、放射性物質である^{32}Pで標識した独特な5'末端を作成する必要があったが、この作成には、制限酵素に大きく依存している。

研究トレンド　組み換えDNA及びバイオテクノロジー

　制限酵素は、組み換えDNA調製に活用できる。ジョン・モローとポール・バーグがSV40 DNAが制限酵素EcoRI(エコアール・ワン)の切断部位を1箇所持っていることを発見した後、SV40を組み換えDNA用のベクターに転換するステージに入った。ボブ・サイモンとポール・バーグが、SV40ベクターにポリAテイルを、そして、クローン化する断片にポリTテイルを加えた改良方法を用いた。ハーブ・ボイヤーとスタン・コーエンがすぐに、改良を加えた組み換えDNAの作成方法を編み出した。彼らは、DNAリガーゼ（連結酵素）を用いて、制限酵素EcoRIによる切断で生じる"粘着性"末端を、同じようにEcoRIで切断されているプラスミドDNA分子につなぎ合わせた。それぞれのDNA分子の末端は相補的であるので、つなぎ合わせることができる。この相補性のお陰で、組み換えDNAの調製が容易にできるようになり、簡単に増殖する大腸菌の中で、どんなDNAでもクローン化できるようになった。

研究トレンド　制限酵素発見に対するノーベル賞（1978年）

　ノーベル委員会は1978年、制限酵素の発見に対して誰が受賞すべきかを検討した。同委員会は、アーバー、スミスとともに、ネイサンズを選んだ。アーバーは、理論的な枠組みを提示した。つまり、制限及び修飾の生物学を記述し、最初のI型制限酵素であるBamHI（バム・エイチ・ワン）を単離した科学者だった。スミスは、II型制限酵素である"エンドヌクレアーゼR"の発見者だった。しかしながら、SV40DNA及びその遺伝子の物理的マッピングに対して使用されたとき、制限酵素がいかに強い力を発揮するかを証明したのは、他ならぬネイサン

ズだった。この 3 人によって、現在の分子生物学に必要不可欠な道具が提供されることになった。

　1975 年、米国ボストンのニュー・イングランド・バイオラボが、制限酵素の製造販売を開始した。その後、米国ではギブコ・BRL（現、ライフテクノロジー）とプロメガが、欧州ではベーリンガー・マンハイム（現ロシュ）が追随した。日本では 1979 年、宝酒造（現、タカラバイオ）が最初に販売を開始した（5002）。核酸研究専門誌 Nucleic Acids Research（NAR）2005 年 1 月号に掲載されたニュー・イングランド・バイオラボ、リチャード・ロバーツらの論文によれば、制限酵素の総括的なデータベースである REBASE 上に登録された制限酵素は 3,681 種類あり、うち II 型制限酵素が 3,612 種類で、さらにそのうち 588 種類が市販されている（5003）。

代表的制限酵素（EcoRI及びHindIII）

制限酵素EcoRIのDNA遺伝子上の切断部位

```
5'・・・・・G▼AATT　C・・・・3'
3'・・・・・C　TTAA▲G・・・・5'
```

大腸菌Esherichia coli RY13株が産生する
6塩基認識の制限酵素

制限酵素HindIIIのDNA遺伝子上の切断部位

```
5'・・・・・A▼AGCT　T・・・・3'
3'・・・・・T　TCGA▲A・・・・5'
```

インフルエンザ菌Haemophilus influenzae Rd株が
産生する6塩基認識の制限酵素　　　　（出典：自作）

[5001] Roberts RJ. How restriction enzymes became the workhorses of molecular biology. Proc Natl Acad Sci USA. 2005; 102(17) :5905-8, doi:10.1073/pnas.0500923102. Epub 2005 Apr 19. PMID: 15840723; PMCID: PMC1087929.
[5003] 川上文清 . 制限酵素物語〜発見からゲノム編集まで〜 . 生物工学会誌 2016; 94(3): 124-129.　https://www.sbj.or.jp/wpcontent/uploads/file/sbj/9403/9403_yomoyama.pdf
[5004] Roberts RJ.; Vincze T.; Posfai J.; Macelis D. REBASE--restriction enzymes and DNA methyltransferases. Nucleic Acids Res. 2005 Jan 1;33 (Database issue) :D230-2, doi: 10.1093/nar/gki029. PMID: 15608184; PMCID: PMC539983.

6 ポスドク（博士研究員）時代（1982-1989）

6.1. セゲド生物学研究センター（ハンガリー）（1982-1985）

　カリコ博士は、ポスドク（博士研究員）としてセゲド生物学研究センターに勤務することになり、mRNA の研究を継続した。

ハンガリー・セゲド生物学研究センター

　1982 年 11 月 8 日、娘フランツィア・スーザンが生まれた。後述するが、やがてオリンピックのボート競技で 2 度の金メダルを受賞し、カリコ博士一家ではいちばん有名な一員となった。スーザンは、他の子供同様にテディベアのぬいぐるみが大好きだった。後に、このテディベアが大活躍することになるとは、誰もがそのときは思ってもみなかった。カリコに対する博士号の授与式は、翌 1983 年に行われた。全てが順調に進んでいるように思えた。ところが 1985 年、大学はカリコ博士を解雇した。

1983 年　カリコ博士一家

1983年 博士号授与式

1984年 娘スーザンと一緒の家族写真

1984年 娘スーザンは、
テディベアが大好き

背水の陣での米国への渡航（1985年）

7.1　テンプル大学（1985-1988）

　ところが幸運にも、1985年、米国フィラデルフィアのテンプル大学から招聘されて、ポスドク（博士研究員）として、米国へ行くことになった。この共産主義政権時代、海外への現金の持ち出しは厳しく管理されていて、ハンガリーから持ち出せるのはわずか50米ドルだった。米国に知り合いがいるわけでもないカリコ博士は、なんとか資金をつくろうとした。まず、持っていた中古車のロシア製ラーダ車を闇市場で売って、900英国ポンド（1,200ドル：円相場200円／ドル換算で24万円）を、ある外国人学生との違法な通貨交換で捻出した。娘のスーザンが大好きだったテディベアのぬいぐるみの背中を開けてありったけのお金を詰め込んだ。後に、夫のフランツィラ・ベーラも言っているが、そのぬいぐるみが誰にも気づかれない、いちばん安全な方法だった。こうして一家は、背水の陣で2歳になるスーザンが抱きかかえたテディベアとともに、、米国フィラデルフィアに向けて出発した。ハンガリーを後にしたとき、携帯電話もクレジットカードもなかった。彼女は、「何事があろうとも、絶対成し遂げてみせる」と自分自身に言い聞かせていた。

　こうして、テンプル大学での研究がスタートした。

1985年8月：米国に到着

1985年　米国テンプル大学の研究室にて

　彼女の研究テーマは、mRNA である。mRNA は非常に不安定で、細胞内に投与すると激しい炎症反応を起こしてしまう。この課題を解決することは容易ではなかった。当時は DNA 研究が主流で、RNA の研究はその後塵を拝していた。研究資金は不安定で、いつも誰かの慈悲の下で、どうにか研究を続けていた。しかし、カリコ博士が mRNA に対する信念を失うことはなく、いつの日か治療薬またはワクチンとして人の命を救えることになるであろうと信じてやまなかった。

1987年1月　家族写真

PCR（ポリメラーゼ連鎖反応）法の発見の時代（1985 年）

　PCR 法は、1983 年、米国のバイオベンチャー、シータスに勤めていたキャリー・マリスにより開発された。SARS-CoV-2 の感染の確定にあたり、PCR 法（正確には、PCR の変形である RT-PCR 法）が用いられるため、この 3 文字は遺伝子の専門家以外の一般の人にも浸透した。マリスは 1993 年、PCR 法の開発によって、カナダのマイケル・スミスとともに、ノーベル化学賞を受賞した。マリスは、本当に変わった性格の持ち主だった。1993 年 12 月 8 日のノーベル賞受賞記念講演で、発見に至る詳細を述べている（7101）。

　マリスは、米国ノースカロライナ州で 1944 年に生まれた。ドレハー高校の化学実験室は出入り自由だった。彼は、その実験室で午後のほとんどを何かして過ごした。ジョージア工科大学時代の夏休みには、友達と一緒に、町外れの古いニワトリハウスを有機合成実験室にして、研究試薬を作って売った。それらのほとんどは、有毒か爆発性のものだった。若造の努力を締め付けるような政府の規制もない黄金時代だったが、当時はそれに気づいてはいなかった。ここで、彼らは、たくさんの有機化学を学んだ。

　ジョージア工科大学からカリフォルニア大学バークレー校の生化学大学院に行く頃、遺伝暗号が解読された。DNA には興味はなかったが、分子そのものは非常にエキサイティングだった。PCR 開発以前に存在していた DNA は、長くてねばねばしたもので、分子といえる代物ではなかった。生化学部門に 6 年間いても DNA に対する考え方は変わらなかったが、その他の全てのものに関する考え方が変わった。彼はその頃、カナダ生まれの米国の生化学者であるジョー・ネイランズの研究室にいた。ただ、生化学の研究室にいたにもかかわらず、分子生物学の代わりに天体物理学のコースを選んだ。そして 1968 年、最初の科学論文を Nature に発表した。それは、知ったかぶりの天体物理学の仮説で、「時間反転の宇宙学的意味」と題する論文だった。彼が言うに、「Nature はその公開に当惑していたと思うが、自分の資格試験にとっては重要」だった。彼の博士号授与に関する試験委員会は、彼が分子生物学を取らずに博士号を取得する資格があるかどうかを決定することになった。そして、Nature に掲載された論文が、委員会に "イエス" と評価させる上で、役立つことになった。

　米国の物理学者ドナルド・グレーザーは、飛跡検出器である泡箱の発明により、

34 歳で、1960 年度のノーベル物理学賞を受賞している。彼はシータスの創業者のひとりであり、マリスは PCR 法を発明したとき、この会社で働いていた。米国の生化学者ダニエル・コシュランド・ジュニアは Sience の編集者で、マリスの最初の PCR 論文が同誌に投稿され、リジェクトされたときの編集者だったが、その 3 年後に、PCR は、"今年の分子" として賞賛されている。

　ソマトスタチンの合成とクローニングに関するセミナーは、マリスに非常に強い印象を残した。そのとき初めて、DNA の重要な部分が化学合成できるとわかったからである。そこで、物質ライブラリーの DNA 合成の研究を開始し、そして、DNA 分子を作る仕事を探し始めた。1979 年の秋、シータスはマリスを雇った。DNA 合成は、神経科学の研究でラットを殺すことよりもはるかに楽しかった。そして、シータスがあるサンフランシスコの湾岸地域もその仕事をするには素晴らしい場所だった。

　彼はまず、最新鋭の機械を試すべく、オリゴヌクレオチドの合成に取りかかった。彼の研究室の隣には、ヘンリー・エールリッヒがいて、点突然変異を検出する方法を開発していた。オリゴマーの制限酵素法の成否は、対象とする目的部分の制限酵素部位多型に依存していた。このために、どのような点突然変異にも一般的に適用できなかった。彼は、ある特定部位をハイブリダイズしたオリゴヌクレオチドが、ジデオキシヌクレオシド 3 リン酸のみの存在下で、DNA 複製酵素により伸長できるのでないかと考えた。これは、ある単一の塩基対で、DNA の配列決定法であるサンガー法を行うようなものである。ヒト DNA では、オリゴヌクレオチドは特異的にある唯一の部位に結合しないであろうから、うまく、作用しないと思われた。ヒト DNA ほど複雑だと、対象の配列及び使用条件に依存して、何百どころか何千もの部位に結合してしまうだろう。この仕事を成功させるためには、狙った特定の部位の相対的な濃度を高める何らかの方法が必要である。これこそ、PCR だった。プラスミドのような 5 千塩基対とヒトゲノムのような 30 億塩基対の間には確かに差があるが、それほど脅威とは思わなかった。決してうまく行かないだろうとは考えることなく、自分の実験に関して思考を重ね、これが PCR となった。

　1983 年 9 月のある金曜日の夜、マリスは、いつものように、バークレー校から、森の奥にあるメンドシーノの山荘まで、ガールフレンドのジェニファー・

バーネットと、お気に入りの愛車ホンダ・シビックでドライブしていた。彼女は寝ていたが、彼は考えていた。オリゴヌクレオチドの合成はそれほど難しくないので、オリゴヌクレオチドを反応容器に 1 つずつでなく 2 つ一緒に入れれば、そのうちの 1 つが一方の DNA 鎖に、もう 1 つが他の DNA 鎖に結合するのではないかと考えていた。その夜、運転して山を越えていると、満開のカリフォルニアトチノキの茎が道路にもたげていた。空気は湿りを帯びて涼しく、酔わせるような香りが漂っていた。

　彼は思考実験を重ねながら、とうとう、あのギリシアの科学者アルキメデスが発した言葉、"EUREKA（わかった）"を叫び、高速 128 号線の途中で車を止めた。そして、小物入れから紙とペンを取り出し、2 の 10 乗は約 1,000 に、2 の 20 乗は約 100 万に、そして、2 の 30 乗は約 10 億になることを確認した。この 10 億という数字は、ヒトゲノムの塩基対数に近い。もし、このサイクルを30 回、回せば検体の配列を巨大なシグナルに、ほとんどバックグラウンドノイズなしに変換することができると思った。運転を再開して 1 マイルも行かないうちに、オリゴヌクレオチドは、お互い、塩基対の両側を挟むのではなく、ある任意の距離で結合して、自分が選択したいかなる配列でも任意の大多数のコピーを作ることができるだろうと思った。さらに凄いことには、数回のサイクル後の

図　PCR と RT（逆転写酵素）-PCR の原理

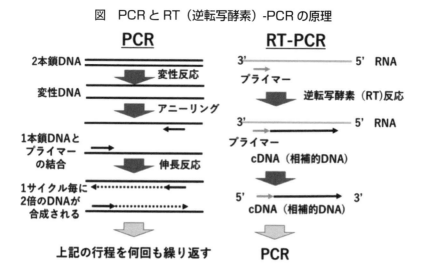

コピーのほとんどは、全く同じサイズであろうことだった。このサイズは、自分で決定できるだろう。これらは、電気泳動ゲル上の制限酵素断片そのものであるように思えた。そこで再び、車を止めた。

彼は叫んだ。「DNA 化学の最も悩ましい問題を一瞬のひらめきで解決したぞ。2 つのオリゴヌクレオチド、DNA ポリメラーゼ（複製酵素）、そして、4 種のヌクレオシド 3 リン酸さえあれば、自分が望む DNA 配列そのものを作り、そう、ある特定のサイズの断片上で作り、そして、簡単に識別できる」と。これが幻想でなければ、DNA 化学を永遠に変えることになる。そうすれば、自分は有名になれる。それはいとも簡単な方法で、自分も他の研究者もずっとしてきたのに、どうして見落としていたのだろう。「ジェニファー、起きてくれ！とんでもないことを思いついたぞ！」彼女は起きなかったが、彼はこの夜、寝なかった。山奥の山荘に着いてから明け方まで、あらゆる平らな表面に小さな模式図を書き始めた。カベルネ赤ワインの最後のボトルもあったお陰で、その明け方には意識がもうろうとなった。

午後になっても、彼はまだ戸惑っていた。自分の幸運と頭脳明晰さに喜びつつも、自分もジェニファーも、欠点があるとすれば何か思いつかなかったからだ。山荘には電話もなく、ジェニファーと自分以外の生化学者はいなかった。このサイクル反応が本当に作動するのであれば、これまでどうしてその実例を聞いたことがなかったのだろうか。誰かがこの手法を用いていたのであれば、彼の脳を震えさせていた思考の爆発には全く興味を示さず池のほとりで日差しを浴びているジェニファーも含め、誰かが絶対に聞いていたはずである。

月曜の朝、彼は図書室にいた。真実がわかる瞬間だった。午後までに既報の有無が明らかとなった。ある特定の DNA 配列を分けた鎖にハイブリダイズした 2 つのプライマーの繰り返しの逆進の伸長反応によって DNA を増幅する方法の成功または失敗に関する文献報告はなかった。その週末までに、分子生物学者にも確認したが、誰も、同様の手法の報告を思い出さなかった。しかしながら、彼にとっていちばんショッキングだったのは、彼の友人や同僚が誰ひとりとして、このようなプロセスの可能性に興奮を表さなかったことだ。

彼のコンピュータには、検証していないアイデアで満ち満ちたディレクトリがあった。彼は新しいファイルを開いて、これに PCR（ポリメラーゼ連鎖反応）

とタイトルを打った。彼は、すぐには実験をしなかった。8月頃の社内セミナーで概念を述べた。シータス社の科学者は全員、年に2度、話題提供しなければならなかった。しかし、誰も聞いていなかった。話題は自分が行った仕事の無味乾燥な報告ばかりだったからだ。ほとんどの科学者は講演の後、コメントもなくすぐさま立ち去った。

　マリスの話に興味を持った科学者は、ひとりかふたりだった。ジェニファーは、まだ彼を愛しているうちは、そのアイディアに賛同した。しかし、心が離れていくにつれ、彼も、その考え方も侮蔑するようになった。

　ジェニファーとの同居と実験室での生活が崩壊していく3ヵ月間、マリスは散発的に実験を行った。そのペースは、あまりにもゆっくりしていた。そしてついに、ジェネンテックがNatureに発表したヒト成長因子のDNAから始めるという考えを諦めた。彼は、ターゲットをより地味な精製プラスミドPBR322の短い断片に変更した。初めて実験に成功したのは、12月16日だった。この日は、別れた前妻シンシアの誕生日だった。彼女は、彼にフィクションを書くように薦めた人物だった。2人の息子をもうけた後、彼はシンシアから離れて、ジェニファーと激動の2年間を過ごすことになった。

　クリスマスに近づく頃、あのクレイジーで素敵な女性化学者ジェニファーが、ドラマのように彼らの家も研究室も立ち去って、ニューヨークの母親のもとに行ってしまった。

　マリスは、若い多才な数学者、フレッド・ファルーナをテクニシャンとして雇っていた。マリスは、自分のPCRの勝利を彼と祝った。その日の午後、フレッドが準備してくれた実験で、PCR反応が初めて成功したのだった。マリスは帰宅の途中、フレッドの家に立ち寄り、「今日の実験は分子生物学を変革させるほどのものなんだ」と伝えた。すると彼は「先生がそうおっしゃるなら、きっとそうなんでしょう」と答えた。確信はなかったが、自分の生化学の知識は全てマリスから得たものだったし、今は、実験室の紫色の蓋の試験管以上に、私生活にさまざまな懸念があることを知っていたからだ。

　バークレーは、冬には小雨が降る。アボカドは奇妙な時に熟し、そして、フレッドの前庭の木は、濡れて、たくさんの実をつけて垂れさがっていた。彼は、故障することのなかった愛車、銀色のホンダ・シビックの方に向かいながら頭を下げ

た。フレッドも、ベックスビールも、ましてや"PCRの時代"の夜明けの甘い
香りですら、ジェニファーの代わりにはならなかった。マリスは、孤独だった。

　このようにマリスは、ノーベル賞受賞記念講演でPCRの発見を自分の悲劇と
ともに、語り終えた。この講演だけでも、今までのノーベル受賞者の講演とは全
く異なることがわかると思われる。マリスこそ、本当にクレイジーな天才だった
のかもしれない。マリスは、新型コロナウイルスが、中国・武漢で初めて報告さ
れた2019年12月の4ヵ月前にあたる2019年8月9日に、亡くなった。
彼がいなかったならば、新型コロナウイルスの確定診断も困難を極めた可能性が
ある。

　歴史は、"確信的偶然"の"狂気"の上に、生まれていくのかもしれない。

[7101] "The Nobel Prize in Chemistry 1993 Kary B. Mullis Nobel Lecture, December 8,
1993 The Polymerase Chain Reaction." The Novel Prize., https://www.nobelprize.org/
prizes/chemistry/1993/mullis/lecture/

7.2 米国連邦政府の健康科学大学 (ベセスダ、メリーランド州) (1988-1989)

　カリコ博士は、テンプル大学の後、米国連邦政府の健康科学大学に移って研究
を続け、ペンシルベニア大学の職に就くことができた。

1989年　実験室でのカリコ博士

7.3　米国ペンシルベニア大学（1989- 現在）

　1989年、カリコ博士は、米国ペンシルベニア大学のエリオット・バーナサン教授の助手として着任した。彼女の研究室は、医学棟の反対側にあった。医学棟にいる患者は彼女の心に重くのしかかっていて、「私たちは、自分たちの科学を患者に届けなければならない」と、窓越しに、苦しんでいる患者の方向に手を差し伸べながら、同僚に話した。

　この当時は、DNA の研究が主流だった。実際、1990年に米国で、アデノシンデアミナーゼ欠損症による重度免疫不全患者に対する初の遺伝子治療が成功し、1995年には北海道大学が、同症の男児に対し国内初の遺伝子治療を行った。このときは末梢血中のリンパ球にアデノシンデアミナーゼをつくる正常な遺伝子を入れる方法を採った。このように遺伝子機能が欠損した患者に、正常な遺伝子をもつ DNA を導入すれば病気を治すことができるかもしれない。しかし、カリコ博士は、「治療が終った後、必要がなくなれば除去できるほうが望ましい。mRNA は短時間で分解されるので、mRNA を導入して一時的にタンパク質を作らせる方がより良いのではないか」と考えた（7301）。

　1990年、ウィスコンシン大学の研究者が、マウスの動物実験で、導入した mRNA が機能することを報告していた。カリコ博士は、この研究を進展させたいと思い、同年、米国 NIH（国立衛生研究所）にグラント（競争的資金）の申請を行ったが、NIH の承認は得られなかった。さらに悪いことには、同僚の研究者からのサポートすら得られなかった。その後、何回もグラント申請したが承認は得られず、研究の冬の時代が続いた。

　1995年、ペンシルベニア大学での6年間の研究の後、カリコ博士は降格させられた。教授への道を歩んでいたが、mRNA の研究をサポートする資金が入ってこなくなり、上司が彼女を一生懸命推薦すべき理由もなくなった。彼女は、科学界の低い階層に落ちてしまった。カリコ博士は、「本当に何か恥ずかしい気持ちだった。しかし、前向きに考えなければならないと自分に言い聞かせた。いまや誰も、自分の履歴書を気にすることはない。そう考えると、幾分自由になれた」という。この当時を、家族が回想している。夫のフラーンツィア・ベーラによれば、「彼女は、週末や休日は、科学論文を読む以外に何もせずに没頭していた」。娘のスーザンは、「母は、研究室で、そう、本当に机の下で寝ていた」と振り返る。

カリコ博士は、「この時点で、人は将来があまりにも恐ろしいので、普通はサヨナラと行って、立ち去るだけだ」と語る。1995年は最悪のタイミングだった。とういうのも、この当時、カリコ博士は、がんと診断されて恐怖に耐えていたからだ。おまけに夫は、ビザの問題を解決するために、ハンガリーで立ち往生していた。数えられないほどの時間を捧げてきた仕事が彼女の手からこぼれ落ちていくかのようだった（7302）。

[7301] 船引宏則（ロックフェラー大学教授 細胞生物学）. "論座 続・コロンの革命的ワクチンを導いた女性移民研究者." 2020-12-25 https://webronza.asahi.com/science/articles/2020122200005.html
[7302] Damian Garde. "The story of mRNA: How a once-dismissed idea became a leading technology in the Covid vaccine race." 2020-11-10, https://www.statnews.com/2020/11/10/the-story-of-mrna-how-a-once-dismissed-idea-became-a-leading-technology-in-the-covid-vaccine-race/

研究トレンド　抗体遺伝子再構成の発見の時代（1987年）

　1987年、ノーベル委員会は、生理学・医学賞をバーゼル免疫学研究所の利根川進氏に与える決定をした。

　ヒトは、さまざまなウイルス等の病原体が体内に侵入すると、それを異物と認識し、体内から排除しようとして、免疫反応が誘導される。その時、獲得免疫として最初に働くのは、リンパ球の一種であるB細胞から産生される抗体である。

抗体（免疫グロブリン）の構造

分子量：15万〜16万
重鎖（H鎖）
軽鎖（L鎖）
VH
CH1
VL
CL
CH2
CH3
Fab部分
Fc部分
糖鎖

外部から侵入する異物としての病原体等は数えきれないほどあるが、人体は、その多数の外来性異物に対して対応できる数多くの抗体を産生できる。この抗体の多様性がどのようにして生み出されるのかの解明に挑戦した日本人が利根川進氏と、その当時東京大学医学部所属の本庶佑氏だった。両者の研究グループは熾烈な競争を繰り広げた。

ヒトの抗体は、100 億種以上もあると考えられているが、この抗体タンパク質作成を指令する抗体遺伝子が 100 億種類もあるとは思えない。抗体（IgG）の模式図を示したが、抗体は、H 鎖（重鎖）2 本と L 鎖（軽鎖）2 本から構成されている。また、H 鎖は、抗原を認識して結合する V（Variable: 可変）領域と C（Constant：定常）領域からなり、C 領域はさらに 3 つの部分（CH1、CH2 及び CH3）からなる。そして、L 鎖も同様に V 領域と C 領域からなる。L 鎖は、κ（カッパ）鎖と λ（ラムダ）鎖がある。

　DNA 遺伝子は、4 種類の塩基、A（アデニン）、T（チミン）、G（グアニン）そして、C（シトシン）の組合せからなり、その塩基の 3 つの繋がり（トリプレット）に対応したアミノ酸からなるタンパク質（ポリペプチド）が合成される。細胞の核内で、遺伝子 DNA から mRNA へと転写され、その mRNA は細胞質に移動して、タンパク質合成装置であるリボソーム上で、アミノ酸が繋がったポリペプチドに翻訳される。この 1 つのポリペプチドには、それに対応する DNA 上の一連の暗号文（シストロン）が対応すると考えられてきた。この考え方が、1 シストロン－ 1 ポリペプチド説である（7401）。

　1 シストロン－ 1 ポリペプチド説から考えると、免疫グロブリン Ig の V と C に対応する遺伝子は連結されていて、抗体の数だけ、その遺伝子が存在することになる。この考え方は、生殖細胞系列説（遺伝情報の中にもともと数多くの情報

図　古典的な2つの仮説

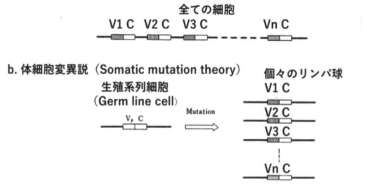

a. 生殖細胞系列説（Germ line theory）

b. 体細胞変異説（Somatic mutation theory）

（出典：J-STAGE ホームページ https://www.jstage.jst.go.jp/article/expanim1978/30/1/30_1_47/_pdf/-char/ja)

が含まれている）と呼ばれる。この説のように、もしたくさんの遺伝子が並んでいるとすれば、その多数の遺伝子の存在すら考えることが難しく、かつ、Ｃの数がそのように多いとすれば、長い間に変異がおこり、実際に見いだされるクラス（IgM〜IgG）よりもずっと多い種類のＣが存在するはずであると、疑問視された。1953年に、オーストラリアのウイルス学者であるフランク・マクファーレン・バーネットが、「生殖細胞はVCの原型を少数個持っているが、リンパ球に分化する過程でV領域の変異が起こって、種々のVをもつリンパ球が生じる」とする体細胞変異説（生殖細胞が伝える遺伝情報はシンプルで少なく、体細胞に分化する過程で変化する）を提唱している。

　その後、動物を用いた遺伝学的実験から、抗体のH鎖、κ鎖（L鎖）とλ鎖（L鎖）は、別々の染色体にあると考えられるようになった。実際、H鎖は第14染色体に、κ鎖（L鎖）は第2染色体に、そして、λ鎖（L鎖）は第22染色体上にある。

　これらの仮説に対する回答を与えたのが、利根川進博士だった。1987年12月8日のノーベル生理学・医学賞受賞講演で、研究の経緯を詳細に説明している（7402）。

　イタリア出身のウイルス学者、リナート・ダルベッコ博士は、腫瘍ウイルスの研究による1975年度ノーベル生理学・医学賞受賞者だ。1970年の秋、利根川は、欧州を旅していたダルベッコからエアメールを受け取った。当時、利根川は、米国ソーク研究所で博士研究員として仕事をしていた。この手紙は、ローマのホテルハスラーで書かれていた。

　この年の終わりに、利根川がラホヤのソーク研究所をやめた後の身の振り方を尋ねる手紙だった。バーゼル免疫学研究所は、あと1ヵ月で稼働する状態になっていた。免疫学者の優秀な人材を集めることはできたが、分子生物学者は、まだだった。RNAの粗精製物から得られた多くの興味深い免疫学的現象があるが、RNAの特性は未解明なので、それらの知見は、まだ信頼のおけるものではない。もしこのような研究に興味があれば、是非とも、ロンドン生まれのデンマークの免疫学者、ニールス・イェルネ所長に手紙を書いてみてほしいとの内容だった。

　この手紙は利根川にとって本当に運命的なものだった。米国の移民法により、米国在住の継続があやういタイミングだったからだ。1971年2月に利根川は、居心地の良いスイスの町にいた。利根川は当初、バーゼルに到着してすぐに、ダ

ルベッコの研究室で自分の研究を続けようと考えていた。すなわち、発がん性ウイルスである SV40（Simian vurus40）遺伝子の転写調節の研究である。しかしながら、利根川は、ほとんどのスタッフが免疫学者である研究所で興味を引くのは、その研究テーマでないことがすぐにわかった。そこでまず、免疫学の勉強をまず始めることにした。彼らに話しかけ、論文を読み、質問した。この時期に、抗体の多様性の起源に関する問題を知ったのだった。

課題

　個々の脊椎動物は、抗原に遭遇する前でも、何百万もの構造的に異なる抗体分子を産生することは免疫学者の合意事項だった。さらに、ゲラルド・エーデルマンとロドニー・ポーターが、典型的な抗体分子は、2つの同一の軽鎖と2つの同一の重鎖から構成されていることを発見していた。そして、2種の抗体分子鎖のいずれも、抗体ごとのアミノ末端配列の変動が大きいが、C末端での配列の変動は少なかった。しかしながら、免疫学者と遺伝学者は長年、2つの学派に分かれていた。つまり、これらのタンパク質合成に必要な遺伝的多様性は、進化を通して生成されるが、それが1）生殖細胞系列、2）体細胞のどちらに存在する間に進展する過程で獲得されるかの違いだった。

　生殖細胞系列説では、抗体すなわち免疫グロブリン遺伝子はその他のタンパク質の遺伝子と全く同様に発現され、特別な遺伝子を加工するメカニズムを含まないと考えている。他方、体細胞説では、両親から受け継いだ巨大な数の免疫グロブリン遺伝子が必要となる。免疫グロブリンの4つの鎖の構造は、鎖のペアリングによって多様性を与えるが、軽鎖及び重鎖に必要な遺伝子数は、かなり大きい。抗体多様性に関する生殖細胞系列説の重大な欠点は、「ある型をもつ全ての抗体ポリペプチド鎖が、単一のメンデル遺伝子として分離される共通の遺伝的マーカーを共有している」との観察事項である。もし、何千もの軽鎖及び重鎖遺伝子があるならば、これら遺伝子の全てにおいて、同一の遺伝的マーカーを保持し続けることがどのようにして可能なのかとの疑問が残ることになる。

　2番目の説は、生殖細胞系列では、ある限定的な数の抗体遺伝子のみが存在して、これらの遺伝子が、抗体を産生するBリンパ球が幹細胞から生じたときに多様化すると仮定している。

再構成

　ある一部の免疫学者は、「免疫グロブリンポリペプチド鎖が２つの別々の
DNA 断片、すなわち、V 及び C 領域に対してそれぞれ１つの断片によりコー
ドされているかもしれない」と考え始めていた。ドライヤーとベネットは、「多
くの"V 遺伝子"の１つが免疫グロブリン産生 B 細胞の中で、もともとの染色
体の位置から切り出され、単一の"C 遺伝子"に結合するかもしれない」と考えた。
このモデルによれば、ある特定の型の全ての免疫グロブリンポリペプチド鎖で共
通の遺伝的マーカーが保持されることをうまく説明できる。"V と C 遺伝子"間
の体細胞組み換えは、このモデルの本質的側面ではあるが、生殖細胞系列ゲノム
が多くの"V 遺伝子"を、生物体が合成できるあらゆる V 領域に対して１つず
つ持っていると仮定しているので、生殖細胞系列説の域を出るものではなかった。
ドライヤーとベネットのモデルが 1965 年に発表されたとき、その説は、生物
学者からそれほど受け入れられたわけではなかった。なぜなら、このモデルは、
その当時の生物学の基本的ドグマを否定する、次の２つの仮定（基本的ドグマ）
に基づいていたからである。

　　１）１つの遺伝子が１つのポリペプチド鎖をコードしている
　　２）系統及び細胞分化の間、ゲノムは一貫性を保持している

　利根川自身も、1970 年代初めにこのモデルを聞いたとき、疑念を抱いたが、
それと同時に、このモデルは、制限酵素を用いれば検討できるのではないかと思っ
た。ダルベッコの研究室にいたとき、利根川は、ダニエル・ネイサンズが発がん
性ウイルスである SV40 の解析に際して、その当時新しく発見された制限酵素
を適用することによってブレイクスルーしたことを聞いていた。しかしながら、
制限酵素の解析を５千塩基対ほどの SV40 ウイルスゲノムから、マウスのよう
に複雑な真核細胞の 20 億の塩基対ゲノムまでに応用し拡張するためには、言い
換えれば、広大な無関係な断片群の中からある特定の DNA 断片を検出するため
には、さらなるトリックが必要だった。

　利根川研究室に来ていた博士研究員の穂積信道とともに、利根川は実験を行っ
た。

　胚（生殖細胞の代替物）DNA と χ ミエローマ DNA とのハイブリダイゼーショ

ンのパターンは、劇的に異なったものであるばかりではなく、別々のVとC"遺伝子"及び結合したVプラスC遺伝子と、それぞれ一致していた。簡単に言えば、「胎児マウスの生殖細胞と分化したミエローマ細胞を比較すると、胎児ではC遺伝子とV遺伝子が離れたところにあり、ミエローマ細胞では遺伝子組み換えで両者が同じ場所にある」と推定して実験し、その考え方を見事に証明したのだった。詳細は以下のとおりである。

遺伝子セグメントの結合

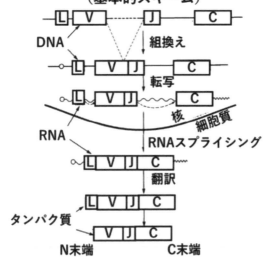

図　免疫グロブリン軽鎖遺伝子の再構成及び発現
（基本的スキーム）

（出典：ノーベル委員会　利根川進ノーベル賞受賞講演
https://www.nobelprize.org/uploads/2018/06/tonegawa-lecture.pdf）

　最初、材料として何を用いて実験したらよいかと考え、今まで研究されてきている全ての抗体鎖の中で最も単純なマウスのλ軽鎖から始めることにした。目的は、胚細胞からの生殖細胞系列状態のVλとCλ遺伝子と、λミエローマ細胞から再構成されたVプラスC遺伝子のクローニングをすることだった。そうすれば、これらのゲノムDNA間の相関関係を、電子顕微鏡及びDNA配列により明確化できる。この当時、真核細胞からの"特別"の遺伝子をクローニングする技術がなかったが、自分たちで、いくつかの技術を開発することにより、最終的

に、下記のような結論を導き出せた。

1）VとC遺伝子は、胚細胞よりもミエローマ細胞の方が、再構成され、Vと
C遺伝子ははるかに近接していたけれども、連続的ではなく、抗体のポリ
ペプチド鎖のコードする部分には関与しない2，3キロベースのDNAで隔
てられていた。この再構成された、完全な免疫グロブリン遺伝子の内部にあ
る翻訳されないDNA配列こそ、最初は不安に思ったが、真核細胞の遺伝子
に存在するイントロン（介在配列）を証明した最初の事例でもあった。イン
トロンは、転写はされるが最終的に機能する転写産物からスプライシングに
よって除去される塩基配列で、アミノ酸配列には翻訳されない。スプライシ
ングによって除去されず、最終的にアミノ酸配列に翻訳される部位はエキソ
ンと呼ばれる。

2）生殖細胞系列ゲノムで観察されたV遺伝子は、通常定義されているV領
域の長さに比べると、約13コドン短い。コドンとは、核酸の塩基配列が、
タンパク質を構成するアミノ酸配列へと生体内で翻訳されるときの、各アミ
ノ酸に対応する3つの塩基配列のことで、特にmRNAの塩基配列を指す。
DNAの配列において、ヌクレオチド3個の塩基の組み合わせであるトリプ
レットが、1個のアミノ酸を指定する対応関係が存在する。この関係は、遺
伝暗号、遺伝コード等と呼ばれている。この欠失したコドンは、不完全なV
遺伝子（便宜的に、V遺伝子セグメントと呼ぶ）から何キロベースも離れ、
C遺伝子（便宜的にC遺伝子セグメントと呼ぶ）の上流2，3キロベース
に存在するJ（joining：結合）遺伝子セグメントの短い配列だった。ミエロー
マ細胞の再構成は、J遺伝子セグメントをV遺伝子セグメントに結合させ
ることにより、完全なV領域の遺伝子が作られるのである。

3）シグナルペプチドは、V遺伝子セグメントを短いイントロンで分離させて
いる。また別のDNAセグメントであるL（Leader：リーダー）エキソンでコー
ドされている。

このように、Vλ遺伝子が胚細胞で2つの遺伝子セグメント（VλとJλ）
に分割されていたとの発見は、全く予期していなかったことだった。この発見が、
抗体の多様性が体細胞で如何に生成されるのかを考える大きなヒントであること

は明らかだった。胚細胞のゲノムが異なる V 及び J 遺伝子セグメントの複数の
コピーを持っているのであれば、2 種類の遺伝子セグメント間で起こるランダム
な結合により生成される完全な V 遺伝子の数は、遺伝で引継いだ遺伝子セグメ
ントの全数よりもはるかに多くなるであろうと思われた。このように、ドライヤー
とベネットのオリジナルな概念に反して、DNA の再構成は、抗体分子の体細胞
での多様化に対する重要な手段を提供することができた。χ ミエローマ細胞の軽
鎖と重鎖のアミノ酸配列は、胚ゲノムが複数の異なる V 及び J 遺伝子セグメン
トを持っているとの考え方と一致した。実際に、マウスの κ 鎖遺伝子複合体のヌ
クレオチド配列解析が、利根川研究室や NIH のフィリップ・レーダー研究室で
行われた。その結果、胚系列ゲノムは、複数の V 及び J 遺伝子セグメントを含み、
そして、これらの遺伝子セグメントはそれぞれのミエローマ細胞で、異なった組
み換えで結合されることが証明されたのである。4 つの異なった J 遺伝子セグ
メントは、C χ 遺伝子の上流数キロベースの場所に存在していた。

特に、利根川研究室で研究を行った日本人研究者に特化して纏めると、下記のよ
うになる。

　1）1976 年、利根川進博士は、スイスのバーゼル免疫研究所で、マウスの初
　　　期胚細胞の DNA を、κ 鎖（抗体軽鎖）を産生する形質細胞腫細胞の DNA
　　　と比較することにより、抗体の V（可変）領域と C（定常）領域をコードす
　　　る免疫グロブリン遺伝子の体細胞再構成の実験的証明を行った。

　2）穂積信道博士と共に行った研究で、形質細胞種 DNA のパターンは胚
　　　DNA のパターンと異なっていた。このことは、V κ と C κ の結合により、
　　　新規の機能的な免疫グロブリン遺伝子が作られることを意味した。

　3）坂野仁博士（後に、東京大学理学部生物化学の教授）と共に、体細胞組替
　　　えが V 遺伝子と J DNA セグメントの間の完全な DNA セグメントの切り出
　　　しを伴っていることを明らかにした。

　このように、利根川進博士が、抗体遺伝子の再構成の発見に至った過程を振り
返ると、最初の腫瘍ウイルスの研究により 1975 年度ノーベル生理学・医学賞
を受賞したリナート・ダルベッコから送られた 1970 年の 1 通の手紙が最大か
つ運命的なトリガーだったように思える。利根川進博士の発見は、生物学の基本

的ドグマに変更を迫った 100 年に一度の免疫学分野における発見だったのもしれない。

　このような遺伝子の再構成は全く想定外の発見ではあったが、例外的に、この発見以前に、米国の細胞遺伝学者であるバーバラ・マクリントック博士がトウモロコシ遺伝子の研究で、ある部分が切断されて組み換えが起こることを見いだしている。マクリントック博士は、1983 年にトランスポゾンの発見で、ノーベル生理学・医学賞を受賞している。トランスポゾンは、細胞内においてゲノム上の位置を転移（transpose）することのできる塩基配列で、動く遺伝子または転移因子とも呼ばれている。

　新型コロナウイルスに対するワクチン接種で誘導される抗体に関していえば、この利根川進博士の発見が、実際に生体内で起こり、成熟化という過程でウイルスに対し、より高い結合親和性をもった抗体が作成されているのである。

[7401] 川上正也 . 総説 免疫応答の遺伝学 . Exp Anim. 1981; 30(1): 47-58.
https://www.jstage.jst.go.jp/article/expanim1978/30/1/30_1_47/_pdf/-char/ja
[7402] ノーベル委員会ホームページ ノーベル賞受賞講演（利根川進）
https://www.nobelprize.org/uploads/2018/06/tonegawa-lecture.pdf

8 ドリュー・ワイスマン教授との出会い (1997年)

　カリコ博士は、降格させられても諦めることはなく、自分を信じて、わずかな研究資金を得て研究を続けた。

　ペンシルベニア大学の研究室の廊下で、カリコ博士がコピーをしていたとき、たまたま、コピーに来たドリュー・ワイスマン教授と出くわした。丁度この時、ワイスマン教授は、NIHからペンシルベニア大学に赴任してきたばかりだった。ワイスマン教授はNIHで、かの有名なアンソニー・ファウチ博士の下で、ヒト免疫不全ウイルス（HIV）の研究をしていた。ファウチ博士は、1984年からアメリカ国立アレルギー・感染症研究所（NIAID）の所長をつとめ、HIVの研究でロベルト・コッホ賞を受賞している。また、米国における新型コロナウイルス対策でも科学者として重要な提言をしている。ワイスマン教授は、HIVに対するDNAワクチンの研究をしていたが、「DNAワクチンがうまく働かない」とカリコ博士に話した。カリコ博士はすぐさま、「mRNAワクチンを使ってはどうですか」と返答した。これが、カリコ博士とワイスマン教授との最初の決定的な運命的出会いだった。歴史的な発展に至る共同研究の道が動き始めた。

　ワイスマン教授は細胞へのmRNA添加によって炎症性免疫応答が誘導されることを発見した（8001）。細胞は、添加したmRNAを細胞が外来性の異物と認識して、攻撃的な防御反応を示した。人体は自然に生成されたmRNAとはうまくやっていけるので、この現象は解釈に困るものだった。カリコ博士にとっても、悪いニュースだった。彼女のmRNA分子を治療薬として使えないかもしれないからだ。ふたりは、mRNA研究を何十年も停滞させてきた課題に直面することになった。

　しかしながら、ワイスマン教授とカリコ博士は研究を続行した。外部から見れば、彼らは異様なデュオだった。カリコ博士いわく「私は熱狂的でうるさかったが、彼は物静かで思索の人だった。私たちは異なる知識を持っていて、お互いから学ぶことができた」。彼らの対照的な性格にもかかわらず、研究のリズムは、夜更かしするという性格の共通点で解決された。「真夜中の3時に、私が何か彼にメー

ルすると、即座に返事が返ってくる。他人が肩越しにいるような感じだった」と
カリコ博士は振り返っている。そういえば、筆者が忙しい彼女にメールして返信
を頂いたのも、真夜中の2時位だったのでびっくりした思い出がある。

2001年　ドリュー・ワイスマン教授
のチーム

2005年 ペンシルベニア大学：
画期的な論文を発表した年

　2005年、8年にもわたる共同研究の後、カリコ博士とワイスマン教授は、
権威ある科学専門誌 Immunity に、「Toll 様受容体による RNA 認識の抑制：ヌ
クレオシド修飾の影響と RNA の進化的起源」と題する論文を発表した。ワイス
マン教授は、ボストン大学で医師免許及び Ph.D. を取得した免疫学者である。
　それまでm RNA にはアキレス腱があった。それは、合成 RNA を投与すると、
体は化学的侵略者が侵入してきたと戦いを始め、免疫反応を引き起こすことだ。
ふたりは、その解決法を発見した。mRNA は、ヌクレオシドという4つのブロッ

クから構成されている。その分子ブロックの 1 つに微調整を加えてハイブリッ
ド RNA を創製し、体の防御網から何の警告を受けることもなく、細胞に忍び込
めるようにしたのである。

　ふたりはついに、修飾 RNA が細胞内で分解されることなく、細胞内に到達し
た mRNA が翻訳され、タンパク質が作られることを発見した。少なくとも理論
的には mRNA を人間の医薬として使うことができることを意味した。カリコ博
士は、「夢が実現したようだった。オーマイゴッド。いまや、私たちは mRNA
を使えるのだ」と当時を振り返っている。まさに科学者が、mRNA をワクチン
や治療薬に応用する大きな可能性を初めて知られた瞬間だったはずだ。ところ
が、論文が公開された後でも、科学的研究資金の提供者から拒絶の知らせが届き、
積み上がっていった。ワイスマン教授は、「ふたりとも mRNA の巨大な可能性
を実感し理解していたが、他の人を納得させることができなかった」述べている。

　この論文の内容は専門的なので、章を変えて後述する。

　2006 年、カリコ博士は、ワイスマン教授とスタートアップ会社 RNARx を
設立し、NIH の中小企業技術移転プログラムを通じて研究費を獲得し研究を続
けた（8002）。

　2008 年、カリコ博士、村松浩美博士、ワイスマン教授らは、典型的な RNA
塩基ウリジン（U）の代わりに、化学修飾を施したシュードウリジン（Ψ）を導
入した mRNA を用いると、タンパク質の生産効率が劇的に向上することを発見
した（8003）。

図 <u>ウリジン（U)からシュードウリジン（Ψ）への変換</u>

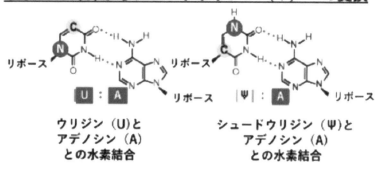

（出典：Mol Ther 2008; 16(11): 1833-1840. doi: 10.1038/mt.2008.200. Epub 2008 Sep 16.)

　ウイルス及び DNA ベースのベクターの場合は、導入した遺伝子が染色体に挿入される危険性があるので、試験管内で合成される mRNA は、ウイルスを含まない理想的な道具になると思われる。試験管内で合成された mRNA は、一般的に不安定で、非効率的で、かつ免疫原性があると思われていたので、生体内での研究が精力的に行われなかった。ところが、mRNA のウリジンをシュードウリジンに変化させると、タンパク質翻訳能が著しく高まり、生物学的な安定性も増す一方、免疫原性はなくなった。

　その結果、特にシュードウリジンを含む mRNA を用いた治療薬は、遺伝物質を運ぶためのプラスミドやウイルスベクターに比べて、以下のように多くの有意性を秘めていることが明らかとなった。

1）安全性の改善：RNA は本質的にゲノムに挿入できないので、その他のベクターの開発を行き詰まらせた有害な副作用を防げる。

2）シュードウリジンを含む mRNA に対する炎症性応答がないこと：ウイルスベクターでは致死的だった破滅的な全身性炎症を防げる。

3）初代細胞への効率的な形質導入：RNA は DNA と異なり、目的物であるコードされたタンパク質の発現に細胞増殖を必要としない。

4）迅速なタンパク質発現：mRNA は細胞質へ入った後、数分以内でタンパク質に翻訳されるが、プラスミド DNA などでは、核への輸送や転写に多くの時間が必要となる。

5）コードされるタンパク質のサイズに制限がないこと：例えば、12,000 塩基のような長い mRNA でも簡単に調製できる。ウイルスベクターの場合は、そのベクターにパッケージできるサイズに限界がある。

6）コードされるタンパク質の発現の程度及び期間は、入念に調節可能：mRNA の半減期はより短く、その他のベクターと異なり自己複製しないからである。

7）mRNA 製造の容易さ：ウイルスやプラスミドベクターの製造よりも、はるかに簡単である。

　以上のような観点から、シュードウリジンを含む mRNA は、治療用タンパク質の生体内発現のみならず、ワクチン開発においても優れた道具になることがわ

かった。

　シュードウリジンを含む修飾 mRNA に基づくタンパク質合成が、なぜ非修飾 mRNA より優れているかに関しては、いくつかの考え方がある。

1）修飾による翻訳能向上：哺乳動物細胞や細胞抽出物での実験で、修飾 mRNA に比べて、非修飾 mRNA の翻訳が減弱されていた。

2）修飾による生物学的安定性向上：シュードウリジンが、RNA の二次構造をベース間のスタッキング（重ね合わせ）促進によって安定化させるという報告もある。ただし、ヒトの皮膚関連の RNA 分解酵素を用いた試験管内の評価では、ウリジンまたはシュードウリジンを持つ mRNA の安定性は同じだったので、その他の因子が考えられる。例えば、mRNA の修飾でリボソームに留まる時間が長くなり、その mRNA を防御しているために、タンパク質翻訳が増加したのかもしれない。

[8001] David Crow. Finalcial Times May 13 2021. How mRNA became a vaccine game-changer. https://www.ft.com/content/b2978026-4bc2-439c-a561-a1972eeba940

[8002] 船引宏則．"続・コロナの革命的ワクチンを導いた女性移民研究者．" https://webronza.asahi.com/science/articles/2020122200005.html

[8003] Karikó, K.; Muramatsu, H.; Welsh, F. A.; Ludwig, J.; Kato, H., Akira, S.; Weissman, D. Incorporation of pseudouridine into mRNA yields superior nonimmunogenic vector with increased translational capacity and biological stability. Molecular therapy : the journal of the American Society of Gene Therapy, 2008; 16(11): 1833–1840, https://doi.org/10.1038/mt.2008.200

9 カリコ博士の mRNA 技術と山中教授の iPS 技術のドッキング（2010 年）

　カリコ博士とワイスマン教授の夢を実現に導く手助けをしたもう一人の科学者がいた。カナダ出身の幹細胞生物学者デリック・J・ロッシだ。彼は、それほど有名でもないカリコ博士とワイスマン教授のことは全く知らなかった。ロッシは、ハーバードメディカルスクールの助教授として働いていた 2008 年、mRNA を用いて、幹細胞を作成しようとしていた。幹細胞は、未熟で、ある特定のタイプ、例えば、脳または筋肉細胞への分化はしていない細胞である。ロッシは、日本の山中伸弥教授からひらめきを受けた。山中教授は、人体のいかなる細胞でも、4 種類の遺伝子を導入することにより、胚性幹細胞様状態に変化させることができることを証明した科学者だった。しかしながら、挿入した遺伝子が DNA に戻ってしまい、がんの発症リスクを高めてしまう変異の問題があった。ロッシは、DNA の代わりに mRNA を用いて山中教授の結果を再現し、ヒトの皮膚細胞をリプログラムすることを思いついた。そうすれば、リプログラムされた皮膚細胞は、あたかも幹細胞のように機能すると考えた。ロッシは、「山中教授の実験は見事だが、そのままでは医療に応用しにくい。そうだ、mRNA を使ってみよう。mRNA は、DNA に挿入されず、元に戻ることもない。遺伝子に変化をもたらすことは永久にないはずだ」と考えた。

　ロッシは、解決法を探索しているうちに、2005 年発表のカリコとワイスマンの研究論文に出くわした。確かに画期的な論文ではあったが、科学界に広く知れ渡ってはいなかった。彼は「この論文を見ると、この忌々しい mRNA を使えば、細胞に認識されずに忍び込ませることができるかもしれない」と考えた。ふたりが開拓した方法で mRNA の化学的な修飾をした後に、蛍光タンパク質を用いて実験を行ったところ、今度は、細胞が明るい緑色の蛍光色を示した。こうして、カリコとワイスマンからトーチが渡され、2010 年、ロッシの研究は論文として発表された。結果的に、カリコとワイスマンの mRNA 技術が、科学界の注目と賞賛を得ることになった。

　後日譚になるが、ロッシが、カリコとワイスマンの論文を読んだのは、スタン

55

フォード大学で幹細胞生物学分野のポスドク（博士研究員）として研究をしていた 39 歳のときで、予言的な言葉を残している。「これはやがて草分け的な発見として知られ、ノーベル化学賞に値するものになるだろう。そして、世界を救うべき医学に取り入れられるだろう」。彼こそ、2010 年、米国マサチューセッツ州に、カリコとワイスマンの技術を用いて、モデルナを共同創立したひとりである。因みに Moderna の社名は、"modified" と "RNA" からの造語で、文字どおり "修飾 RNA" の会社なのである。。

　iPS 技術は、京都大学 iPS 細胞研究所所長・教授の山中伸弥らにより、確立された（9001）。

　iPS 細胞は 2006 年に誕生した新しい多能性幹細胞で、再生医療を実現するために重要な役割を果たすと期待されている。ヒトの皮膚や血液などの体細胞に、ごく少数の因子を導入し、培養することによって、さまざまな組織や臓器の細胞に分化する能力とほぼ無限に増殖する能力をもつ多能性幹細胞に変化する。この細胞を「人工多能性幹細胞」と呼び、英語の "induced pluripotent stem cell" の頭文字をとって、iPS 細胞と呼ばれる（9002）。山中教授らは、成熟した細胞を多能性を持つ細胞への初期化できるという、この iPS 細胞技術の確立によって、2012 年にノーベル生理学・医学賞を受賞している。

[9001] NHK クローズアップ現代 . "新生ワクチンは世界を救うのか！？　開発の立て役者・カリコ博士×山中伸弥 ." 2021-05-27. https://www.nhk.or.jp/gendai/articles/4550/
[9002] 京都大学 iPS 細胞研究所ホームページ .
https://www.cira.kyoto-u.ac.jp/j/faq/faq_ips.html

10 研究の弛まぬ継続（ペンシルベニア大学）

　ペンシルバニア大学のノーベルト・パーディ助教授は、カリコ博士と多くの共同研究をした人物だ。カリコ博士とワイスマン教授がハイブリッド mRNA を創製したときは、「これは重要な発見だ。彼女らは、mRNA への修飾ヌクレオシド挿入が一石二鳥であることを明らかにした」と述べている。すなわち、mRNA が目的のタンパク質を作りだし、必要でなくなれば、短時間のうちに消失してしまうからである。

　このパーディ、カリコそしてワイスマンらは、2015 年、脂質ナノ粒子に包んだ修飾 mRNA（mRNA-LNP）をマウスに注入すると、ごく少量の mRNA で効果的なタンパク質合成が可能であることを実証した（1001）。詳細は、専門的なため、第 13 章に記した。

ペンシルベニア大学
ノーベルト・パーディ助教授

2012 年実験室　カリコ博士と共同研究者ノーベルト・パーディ

カリコ博士の実験室は、PCR の装置、細胞培養用の培地、各種の試薬類など
が並び、一見、通常の分子生物学や細胞生物学の実験室と変わらない。幾分違う
とするば、実験台の上や、冷蔵・冷凍庫室の器具や実験材料が整然と納められて
いることかもしれない。このような実験室から生まれた mRNA ワクチンが、人
類を新型コロナウイルスのパンデミックから救うことになった。今まで、世界
のどこにも存在しなかった mRNA 技術を駆使したワクチンが開発されたのだっ
た。

2013 年　カリコ博士の実験室風景　その 1

[1001] Pardi N.; Tuyishime S.; Muramatsu H.; Kariko K.; Mui BL.; Tam YK.; Madden TD.;
Hope MJ.; Weissman D. Expression kinetics of nucleoside-modified mRNA delivered in
lipid nanoparticles to mice by various routes. J Control Release. 2015 217:345-51,
doi: 10.1016/j.jconrel. Epub 2015 Aug8. PMID: 26264835; PMCID: PMC4624045.

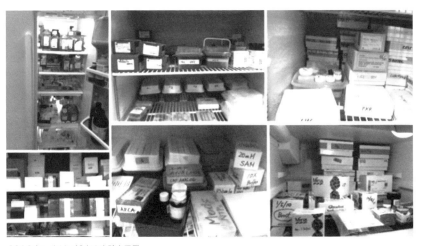

2013年　カリコ博士の実験室風景

11 娘スーザン
（オリンピックチャンピオン：2008 年及び 2012 年）

2008 年　カリコ博士と娘のスーザン

娘のスーザンは、1982年11月8日にハンガリーで生まれた。カリコ一家が米国に渡航する3年前のことである。スーザンは、「私は運動が得意だったわけではない。例えば、走り高跳びで、長身の競技者は軽々とバーを超えることができるが、自分はバーを落としてしまうだけだった」と笑う。彼女のアスリートとしての才能が認められたのは、ボート競技だった。冒頭で述べたカリコ博士の室内でのトレーニングマシーンは、ボートの漕ぎ方の練習方法でもある。この日課に関してカリコ博士は、「娘はこのようにボートを漕いでいるんだろうと思いを寄せながら、朝のトレーニングをしている」と述べている。

娘のスーザンは、2012年のロンドンオリンピックと2008年の北京オリンピックに米国代表として参加し、ボートのエイト競技で二度、金メダルを獲得している。カリコ博士の研究は、まだ世の中に知られる前だったので、スーザンが家族の中ではいちばんの有名人となり、バラク・オバマ大統領（当時）が直接祝福するなど、マスコミでも超有名人となった。

2008年、北京オリンピックのエイト競技で、スーザン属するアメリカは、スーザンの言葉を借りれば、勝ちそうにもないチームだったが、最終的には、2位に約1挺身の差をつけて、6分5秒28で優勝した。皆が泣いた。両親が泣いた。そして、スーザン自身も泣いた。カリコ博士は、「娘がオリンピックで優勝するなんて全く信じられない。娘を誇りに思う。本当に嬉しい」と家族でその優勝を祝った。スーザンは2010年、同僚から"世界トップの女性ボート選手"に、選ばれた。彼女は、次回のロンドンオリンピックの"幸運"になるはずだった。

しかし、2011年の夏、背中の椎間板ヘルニアが突然、彼女のボート選手としてのキャリアを危うくした。「スポーツをしているとき、食事をしているとき、いつでも、例えば、食べ物が入った皿を持ち上げるときですら、激痛に苦しめられた」とスーザンは語っている。スーザンのボート人生に危機が来た。父は、「もう、ボートを止めるときだ。そんなに体を痛めつけなくともいいのじゃないか」と娘に言った。しかし、誰も娘をボートから引き離すことはできなかった。そして、「スーザンは、ケート（カリコ博士）のように、立ち上がって、戻ってくる」と父は言った。カリコ博士は、「娘はまるで私がときどきしたように、幾分クレージーだった」という。「外部の人は、私たち親子をクレージーだと思うだろうが、そうではないことを証明したい」と続けた。

　やがてスーザンは危機を乗り越えて、2012年のロンドンオリンピック代表にも選ばれ、二度目となる金メダルを勝ち取った。その前後のレースでもスーザンは活躍した。

2009年　カリコ博士家族

2009年　カリコ博士と娘スーザン

2012年　ロンドンオリンピック：カリコ博士の家族と姉

12 ビオンテックと
ペンシルベニア大学兼務（2013 - ）

2013年　シャヒン社長とカリコ博士の最初の出会い

ドイツ　ビオンテック

2013年、カリコ博士は、ビオンテックのCEOであるウール・シャヒンと初めて会った。

ドイツ・マインツのライン川沿いにある会社、ビオンテックは、トルコ人であるウール・シャヒンとオズレム・テュレジ夫妻らによって、2008年に設立された。

シャヒンは、彼の父がベルギーのフォードに職を見つけた後に、ドイツに移った。テュレジ、シャヒンともに医師で、ザールラント州の病院で働いていた1990年に出会った。この夫婦は長い間、免疫療法に興味を持っていて、特に、個別化ワクチンを創製して、免疫システムががん細胞を絶滅させる可能性に魅了されていた。彼らは、同時に起業家でもあり、mRNAの可能性を信じて、mRNAのがんワクチンを開発する会社、ビオンテック（BioNTech）を設立したのだった。BioNTechは、Biopharmaceutical New Technologiesの頭文字を取った名前で、「新規技術を用いてバイオ医薬品を開発する」との意味が込められている。同社は、シャヒンがCEO、ティレジがチーフメディカルオフィサーである。米国モデルナ同様、ビオンテックの技術も、ペンシルベニア大学の研究者だったカリコ博士とワイスマン教授によって開発されたmRNA技術を基礎にしていた。シャヒンは2013年にカリコ博士と初めて

会い、ビオンテックに迎え入れた。

　カリコ博士は、ドイツのビオンテックで上級副社長として働くと同時に、米国のペンシルベニア大学でも、ワイスマン教授と一緒に研究を続けることになった。

　以前にもまして、カリコ博士の学会活動は精力的に行われた。

パーディ、ワイスマン教授とのmRNAに関する共同研究はその後も継続されている。

Dr. Katalin Kariko　BioNTech
tech.de

2015年　ビオンテックでのカリコ博士　2015年　カリコ博士とワイスマン教授

2017年7月　フランス　ナノスクールでの講演

2018年　ハンガリーの育った町キスゼラス
：パーディとともに

2019年学会　パーディ「ペンシルベニア大学」、
サボー［ビオンテック社］とカリコ博士

2019年　ビオンテック　カリコ博士、
サボー副所長とボロン氏

13 生化学・免疫学の基礎と ワクチン開発の歴史

13.1 生化学・免疫学の基礎

1）遺伝子

遺伝子の本体は、DNA（デオキシリボ核酸）か RNA（リボ核酸）である。DNA はデオキシリボース（五炭糖）とリン酸、塩基 から構成される、プリン塩基であるアデニン（A）とグアニン（G）、ピリミジン塩基であるシトシン（C）とチミン（T）の４種類がある。2- デオキシリボースの 1' 位に塩基が結合した

図　塩基及びヌクレオシド、修飾ヌクレオシドの構造

塩基の構造式

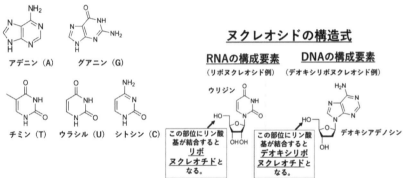

アデニン（A）　　　グアニン（G）

チミン（T）　ウラシル（U）　シトシン（C）

ヌクレオシドの構造式

RNAの構成要素
（リボヌクレオシド例）

DNAの構成要素
（デオキシリボヌクレオシド例）

ウリジン

この部位にリン酸基が結合すると**リボヌクレオチド**となる。

デオキシアデノシン

この部位にリン酸基が結合すると**デオキシリボヌクレオチド**となる。

修飾ヌクレオシド例

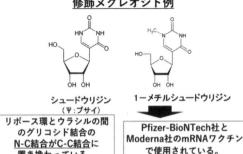

シュードウリジン
（Ψ：プサイ）

リボース環とウラシルの間のグリコシド結合の**N-C結合がC-C結合に**置き換わっている。

1ーメチルシュードウリジン

Pfizer-BioNTech社とModerna社のmRNAワクチンで使用されている。

ものをデオキシヌクレオシド、このヌクレオシドのデオキシリボースの 5' 位に
リン酸が結合したものをデオキシヌクレオチドと呼ぶ。RNA は、リボースとリ
ン酸、塩基から構成され、核酸塩基としてアデニン（A）、グアニン（G）、シト
シン（C）、ウラシル（U）を有する。

2）RNA

　RNA は、伝令 RNA（メッセンジャー RNA、mRNA）、運搬 RNA（トラ
ンスファー RNA、tRNA）、リボソーム RNA（rRNA）などがある。RNA は
通常一本の鎖状に連なるポリヌクレオチドで、RNA 鎖上に遺伝子コードがあ
るものをプラス鎖 RNA、相補的な RNA 鎖にコードが現れるものをマイナス
鎖 RNA と呼ぶ。SARS-CoV-2 は、一本鎖プラス鎖 RNA ウイルスで、全長
29.9 kb である。因みに、インフルエンザウイルスゲノム（vRNA）は 8 本に
分節化された一本鎖 RNA であり、その極性は mRNA（プラス鎖と定義する）
と逆の極性（マイナス鎖）である。マイナス鎖ゲノム RNA を鋳型にして、転
写により mRNA が，複製の第一段階反応により中間体であるプラス鎖 cRNA
（complementary RNA）が合成される（1301）。

3）免疫

　免疫は、自然免疫と獲得免疫に大別される。また、免疫を担当する細胞には、
B 細胞、T 細胞、マクロファージ、樹状細胞などがある。
　ウイルス感染した場合、ヒトはウイルスを異物と認識して、免疫機能を利用し
てウイルスを殺すかまたは排除しようとする。その際、最初に自然免疫システム
を用い、その後、獲得免疫システムの全面的な展開の下に、ウイルスに対して殺
ウイルスまたは排除の機能を発揮する。自然免疫担当細胞は、マクロファージ（貪
食細胞）やナチュラルキラー（NK）細胞などがある。獲得免疫担当細胞では、
B 細胞（抗体産生）及び T 細胞（キラー T 細胞及びサイトカイン産生ヘルパー
T 細胞）が中心的役割を果たす。その中で、実際に主役として働く、1）ウイル
スの活性を阻害する中和抗体と 2）殺ウイルス機能を有するキラー T 細胞（CD8
陽性 T 細胞）が重要である。

表　自然免疫における主要な免疫担当細胞

自然免疫	マクロファージ	白血球の1種で、自然免疫において重要な役割を担い、抗原提示細胞としても機能。貪食能があり、死んだ細胞やその破片、体内に生じた変性物質や侵入した細菌などの異物を捕食して消化。
	樹状細胞	多数の長い突起が特徴である免疫細胞の一つで、抗原提示細胞として機能。
	好酸球	白血球の一種で、アレルギー反応、喘息、寄生虫感染に対する身体応答で重要な役割を果たす。
	好中球	白血球の一種で、急性細菌感染症や特定の真菌感染症に対して体を守る役割を果たす。
	好塩基球	白血球の一種で、様々な炎症性反応に関与。特にアレルギー反応を起こすのに重要な役割を果たす。
	ナチュラルキラー細胞（NK細胞）	全身をパトロールしながら、がん細胞やウイルス感染細胞などを見つけ次第攻撃するリンパ球。

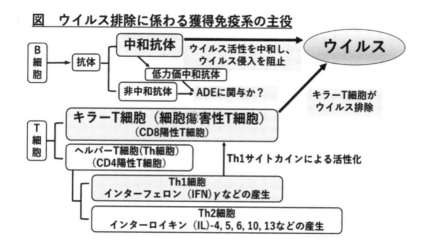

図　ウイルス排除に係わる獲得免疫系の主役

表　獲得免疫における主要な免疫担当細胞

	B細胞	抗体を産生する形質細胞に分化	
獲得免疫	形質細胞	B細胞から分化した抗体産生細胞	
	T細胞	ヘルパーT細胞（CD4陽性T細胞）	
		Th1細胞	細胞内に寄生する細菌やウイルスなどの病原体の排除を促すエフェクターヘルパーT細胞の一種。抗原提示細胞上の病原体センサーToll様受容体(TLR)の活性化により産生されるサイトカインがTh1細胞の分化に必要と考えられている。 ● IFN-γ（インターフェロン-γ）などを産生
		Th2細胞	元来、細胞外に寄生する寄生虫などの排除を誘導するエフェクターヘルパーT細胞であるが、花粉やハウスダストなどの異物に対してもアレルギー反応を誘導する。 ● IL-4（インターロイキン4）などの分泌
		キラーT細胞　（CD8陽性T細胞）	
		● 樹状細胞から抗原情報を受け取り、ウイルスに感染した細胞やがん細胞にとりつき排除する。	
		制御性T細胞	
		● キラーT細胞などが、正常細胞にも過剰な攻撃をしないように、キラーT細胞の働きを抑制したり、免疫反応を終了に導いたりする。	
	メモリーB細胞	B細胞は、抗原の刺激により胚中心B細胞、抗体産生細胞およびメモリーB細胞に分化する。メモリーB細胞は、記憶していた抗原の再刺激を受けると極めて短い期間で抗体産生細胞へと分化して、多量の抗体を作る。そして、メモリーB細胞は何十年も生き残ることができる。	

4）各種抗体の機能と特徴

　カナダ・オタワ大学のヤニック・ガリポーらが、「SARS-CoV-2 感染における体液性免疫と血清学的アッセイ」に関する総説で、各種抗体の機能と特徴を纏めている（1302）。

SARS-CoV-2 感染後の体液性免疫応答として、最初、IgM 抗体、すぐに IgA 抗体が産生され、発症後約 2 〜 3 週間でピークに達する。最後に、IgG 抗体が産生され始め、発症後何ヵ月も検出可能なレベルを維持する。SARS-CoV-2 に対する中和抗体の検出可能なレベルは、感染から 3 ヵ月以内に、特に軽症及び無症候性の場合、減少し始める。

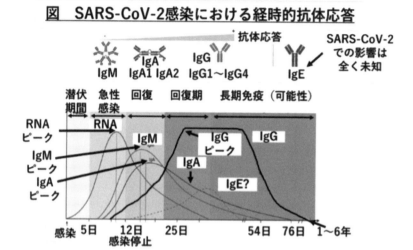

図　SARS-CoV-2感染における経時的抗体応答

(出典：Front. Immunol.18 December 2020 https://doi.org/10.3389/fimmu.2020.610688)

　各種免疫グロブリンの機能及び特徴を纏めると下記のようになる。

1）IgM 抗体

- ●粘膜病原体に対する最初の防御反応を行う粘膜抗体
- ● 5 量体
- ●血清中の抗体の約 10%を占める
- ● COVID-19 発症後 3 日目に出現
- ● B 細胞活性化とクラススイッチイングの間で産生される抗体の大部分を占める
- ●親和性成熟が限定的であるため、IgG に比べて、抗原親和性（アフィニティー）は低い

- ●ただし、IgM は 5 量体を形成するため、標的抗原に対する結合力（アビディ
ティー）は高い

2）IgA 抗体

- ●粘膜病原体に対する最初の防御反応を行う粘膜抗体
- ● 2 量体または単量体
- ●病原体侵入時、呼吸器系及び消化器系で感染性病原体と戦う最も重要な免疫
グロブリン
- ● IgM から IgA へのクラススイッチ
- ●一般的には、血清中で、IgM のレベルよりも多く、そして、粘膜表面及び
分泌物（唾液、母乳等）ではるかに多く存在している
- ● IgA が分泌時に 2 量体を形成し、抗原結合性（アビディティー）が増加する

3）IgG 抗体

- ●中和抗体等体液性免疫の主役
- ● IgM から IgG へのクラススイッチ
- ●体細胞変異を通して親和性成熟が起こるため、免疫応答の後半に出現
- ●その結果、標的抗原に対する親和性が高くなり、病原体に対する中和能力が
増強される
- ●中和活性以外の機能として、Fc 受容体を介したエフェクター機能（細胞活
性化や抗体依存性細胞障害活性機能など）
- ●血清中の約 75%を占める
- ●継続的な免疫とも関連
- ●補体 C1q と結合して、生得的免疫システムの古典的補体系の活性化
- ● IgG サブタイプとして、IgG1 〜 IgG4 まである

4）IgD 抗体

- ● IgM 抗体同様に、最初に発現される

5）IgE 抗体

- ● SARS-CoV-2 感染における影響はわかっていない
- ●アレルギー反応及び寄生虫感染に対する免疫応答を介在する
- ●全抗体の 0.01%以下である

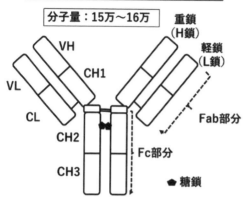

抗体（免疫グロブリン）の構造

分子量：15万～16万

VH
CH1
VL
CL
CH2
CH3

重鎖
（H鎖）
軽鎖
（L鎖）

Fab部分

Fc部分

糖鎖

IgG 抗体は、Y字型を基本としているが、その抗体の模式図を示した。Fab は、antigen binding（ab：抗原結合）部位であり、抗原と相互作用・結合する部分である。また、Fc は結晶化できる（crystallizable）部分である。H 鎖は、Heavy chain（重鎖）、L 鎖は、Light chain（軽鎖）を表している。H 鎖は、VH（重鎖の可変 Variable 領域）、CH1（重鎖の定常 Constant 領域）、CH2 及び CH3 から構成される。L 鎖は、VL と CL から構成される。この IgG の Fab 部分が、SARS-CoV-2 ウイルスのスパイクタンパク質などの抗原部分と結合する。

13.2 修飾ヌクレオシド：ワイスマン教授とカリコ博士の功績

　最初に米国で承認された新型コロナウイルスに対するワクチンは、mRNA ワクチンだった。通常、外部から注入された mRNA は、生体内では異物と認識されて、簡単に排除されてしまう。カリコとワイスマンらは、生体内で RNA が認識されないようにするにはどうしたらよいかと考え、RNA の構成単位であるヌクレオシドの修飾を行うことにより解決した。その解決法は、10 数年も遡る 2005 年に科学雑誌 Immunity に発表した結果に基づくものだった（1321）。カタリン・カリコの波瀾万丈の劇的な人生は、別著「新型コロナとの死闘 Part3」（医薬経済社）にも記述した。

　RNA は、その構成成分のヌクレオシドに約 100 種類もの修飾を受けているが、RNA 修飾の程度及び質は RNA のサブタイプに依存し、RNA が単離された生物体の進化レベルに直接関連している。リボソーム RNA（rRNA）は、細胞内 RNA の主要な構成体（約 80％）で、哺乳動物細胞から得られた RNA のヌクレオシドは、細菌からのものに比べて、有意により多く修飾されている。例えば、ヒトの rRNA では、細菌の rRNA に比べて、シュードウリジン（Ψ）は 10 倍以上、

そして 2'-O- メチル化ヌクレオシドは 25 倍以上である。他方、細菌の残存物である小器官、ミトコンドリアで見られる修飾は、はるかに少ない。

　転移 RNA（tRNA）は、RNA の中でも最もたくさんの修飾を受けている RNA である。哺乳動物の tRNA では、ヌクレオシドの 25%もが修飾を受けていて、代表的なものを挙げると、5- メチルシチジン（m5C）、N6- メチルアデノシン（m6A）、イノシン、たくさんの 2'-O- メチル化ヌクレオシド、そして、5' 末端キャップ構造の一部である N6- メチルグアノシンなどがある。

　修飾ヌクレオシドは、インフルエンザウイルス、アデノウイルスや単純ヘルペスウイルスなどの多くのウイルス RNA の内部領域に検出されている。驚くべきことに、ヌクレオシドの修飾は、細胞内 mRNA よりもウイルスにおいて、より頻繁に起こっていた。相当な数のヌクレオシドの修飾が、細菌または哺乳動物 RNA のどちらにおいても、特異的に存在している。通常、細胞に、DNA よりも RNA が 5 倍から 10 倍含まれていることを考えると、RNA 上にこのように明白な特徴が存在するので、免疫システムが検出できる分子的な基盤を与えることになる。この考え方は、RNA に応答して信号伝達する多様な TLR が同定されて、明らかとなった。TLR は動物の細胞表面にある受容体タンパク質で、種々の病原体を感知して自然免疫（獲得免疫と異なり、一般の病原体を排除する非特異的な免疫作用）を作動させる機能がある。脊椎動物では、獲得免疫が働くためにも Toll 様受容体などを介した自然免疫の作動が必要である。

　樹状細胞（DC：Dendritic cell）は、抗原提示細胞として機能する免疫細胞の一種であり、哺乳類の免疫系の一部を担っている。カリコ博士らは、ヒト樹状細胞への RNA の免疫調節的効果を研究してきた。試験管内で転写された RNA が DC を活性化・成熟させるが、その過程は、部分的には、RNA の二重鎖領域が TLR3 を通して信号伝達をしているメカニズムによることを明らかにしてきた。さらに、真核細胞由来の RNA ではなく、試験管内転写物または細菌由来の全 RNA は、高いレベルの IL-12 分泌をする DC をプライムすることも明らかとなった。自然に生じたヌクレオシドの修飾が RNA の免疫刺激能力を調節できるのかどうかそして、TLR がこの過程で果たしている役割を解明した。

　ある特定の DNA 及び RNA 分子は、免疫システムを活性化する独特な性質を持っている。DNA に応答したインターフェロンの分泌は、免疫細胞に存在する

TLR9（TLR：Toll 様受容体：TLR）に作用する非メチル化 CpG モチーフにより介在されていることが明らかとなった。DNA の CpG モチーフにおけるメチル化されたシチジンが、獲得免疫システムで認識される構造的主成分である。CpG は、シトシンとグアニンがホスホジエステル結合でつながった配列で、哺乳類ではメチル化されていることが多いが，細菌やウイルスではメチル化されていないことが多い。メチル化されていない CpG が、病原体由来 DNA のセンサーである TLR9 を強く刺激する。

　自然免疫システムは、病原体侵入に対する最初の防御堤である。このシステムは、TLR を利用して、病原体関連分子パターンの保存的部分を認識し、免疫応答の開始を調整する。DNA と RNA は、哺乳動物の自然免疫システムを、TLR を通して刺激するが、メチル化 CpG モチーフを含む DNA は免疫システムを刺激しない。自然に生じる RNA のヌクレオシドのある選択された部分もまたメチル化されているか、あるいは別様に修飾されている。修飾 RNA に暴露された樹状細胞は、非修飾 RNA で処理された樹状細胞よりも、サイトカイン及び活性化マーカーの発現が有意に少ない。TLR を発現している細胞は、細菌及びミトコンドリア RNA で強力に活性化されるが、修飾ヌクレオシドが豊富な哺乳動物の全 RNA では活性化されない。カリコ博士とワイスマン教授らは、ヌクレオシドを修飾すると、樹状細胞を活性化する RNA の能力が抑制されることを明らかにした。従って、自然免疫システムは、ヌクレオシドが修飾されていない RNA を検出している可能性があることがわかった。

　ヒトには 10 種類の TLR 分子が存在し、いくつかの TLR は、核酸を認識し、そして応答する。細菌及びウイルス DNA に特徴的である非メチル化 CpG モチーフを含む DNA は、TLR9 を活性化する。通常見られるウイルスの構成体である 2 重鎖 RNA は、TLR3 を活性化し、1 本鎖 RNA はマウス TLR7 を活性化し、そして、ホスホロチオエート（phosphorothioate）結合を持つ RNA オリゴヌクレオチドは、ヒト TLR8 のリガンドである。この RNA オリゴヌクレオチドは、ヌクレオチド間の結合部位にある全てのリン酸基を S 化（硫黄化）したオリゴ RNA で、通常のヌクレオチド間の結合をホスホジエステル（phosphodiester）結合と呼ぶのに対し、この S 化の結合はホスホロチオエート（phosphorothioate）結合と呼ばれる。

カリコ博士とワイスマン教授らは、下記の点を明らかにした。

1）RNA は、ヒト TLR7 のリガンドである。

2）自然 RNA の構成体である m5C、m5U、s2U、m6A、または 2'-O- メチル-U などの修飾ヌクレオシドをもつ RNA を使用した実験により、修飾 U、A 及び C ヌクレオシドは、一般的に、RNA のサイトカイン産生樹状細胞の活性化能力を抑制する。

3）m5U、s2U、またはΨのようなウリジン修飾のみが、RNA の初代血液由来樹状細胞の活性化能力を阻害することができる。

4）種々の TLR は、種々の修飾ヌクレオシドを含む RNA に応答した。m6A と s2U 修飾を持った RNA は、TLR3 を活性化せず、そして、m5C、m5U、s2U、m6A、またはΨを持った RNA は、TLR7 または TLR8 を活性化しなかった。他方、非修飾 RNA は、これらすべてのヒト TLR を活性化することができた。

5）RNA 介在性の免疫刺激は、RNA に存在する修飾ヌクレオシド数に比例的に抑制され、そして、本当に少しの修飾だけで、その抑制効果を発揮することができた。

　ヌクレオシドの修飾は、最も古代の免疫メカニズムの基礎である。細菌は、自分自身のゲノムの選択的ヌクレオシドをメチル化して、侵略者の非修飾 DNA を制限酵素にて区別して破壊することができる。進化の過程で、宿主と病原体を DNA のメチル化の特徴により区別することが、免疫システムの重要な点となった。哺乳動物 DNA では、CpG モチーフのシトシンがほとんどメチル化されているが、微生物病原体のゲノムでそのような修飾がないと、TLR9 により認識されて、哺乳動物の自然免疫応答を誘導することになる。

　免疫活性化の観点から見ると、RNA と DNA は多くの共通の特徴がある。

1）RNA は、DNA 同様に、細菌由来のものは、哺乳動物由来のものよりも、免疫原性が高い。

2）哺乳動物 RNA は、哺乳動物 DNA 同様に、限定的ではあるが検出可能なレベルで免疫を活性化させる。

3）哺乳動物 RNA は、免疫細胞に送達されたとき、IFN- αを誘導する。哺乳

動物 RNA がどうして免疫原性があるのかの説明として、導入された RNA は、免疫細胞のエンドソーム区画に入り、そして、免疫システムが、ある種の特異的な病原体関連分子パターンよりもむしろ、細胞内の場所で、自己と非自己を区別しているのかもしれない。

4）しかしながら、ヒト自然免疫システムは、真核細胞及び細菌 mRNA の分子的特徴の違いを識別して、刺激因子としてのポリ A テイルを欠損した mRNA を認識していることも明らかになっている。

5）哺乳動物ではない、細菌の全 RNA の強力な免疫刺激能が観察されたが、この免疫刺激能力は、修飾ヌクレオシド量の差異によるものであることが明らかとなった。全 RNA の主要な部分は、rRNA で、そして、修飾ヌクレオシドが哺乳動物で豊富に存在していた。rRNA は、哺乳動物で、3%、細菌で 0.8%だった。

6）RNA 介在免疫刺激の抑制が修飾ヌクレオシド量のこの差異のレベルに相関していた。

7）ヌクレオシドの修飾が、自然免疫システム、特に、TLR3、TLR7 及び TLR8 により認識される RNA の新規な特徴として、同定された。

　生来の RNA のヌクレオシドは、成熟過程の中で翻訳後に修飾される。約 100 種類の修飾ヌクレオシドが RNA で同定されているが、これらの変化の生理学的意味はまだよく知られていない。多くの修飾は、種々の種の間で保存されている位置でランダムに生じているので、その修飾の重要性が示唆される。しかしながら、驚くべきことに、RNA は、修飾なしでも機能しうるので、ヌクレオシド修飾の役割が謎のままである。

　シュードウリジン（Ψ）は、RNA に最も豊富に存在する修飾ヌクレオシドで、ウリジンの異性化により生成される。シュードウリジンは、その他のウリジン修飾体である m5U 及び s2U とともに、RNA の初代樹状細胞の活性化能力を抑制する。この知見は、非修飾ウリジンがおそらく RNA の免疫刺激作用に寄与していることを意味する。初期の研究では、ポリ（U）が、プライムされた樹状細胞で IL-12 を誘導することができる唯一のホモポリマーとして同定されている。TLR7 のないマウスの実験で、TLR7 がポリ（U）の受容体であることがわかった。

RNA にシュードウリジンが存在すると、塩基の積み重ね（base stacking）を促進し、その結果、RNA の 2 重鎖領域を安定化させるので、シュードウリジンで修飾された RNA がなぜ強力に TLR3 を活性化するのかが説明できる。

　N6- メチルアデノシン（m6A）は、細胞内及びウイルスオリジンの mRNA 同様に、rRNA、tRNA 及び snRNA（核内低分子 RNA）を含むすべての RNA の型に存在している唯一の塩基修飾ヌクレオシドである。m6A のメチル化は、ワトソン―クリックの塩基ペアリングに干渉するので、このメチル化により、RNA の 2 重鎖が不安定化する。この m6A の特徴が m6A を含む RNA がなぜ TLR3 を刺激しないのかの説明となる。m6A は、哺乳動物細胞の mRNA 及びインフルエンザ、アデノウイルス、HSV、SV40 及び RSV のように核内で増殖するウイルスの RNA に存在している。一般的には、m6A 修飾は、内部に、多くの場合コーディング配列で検出されていて、ウイルス mRNA は、通常、細胞内 mRNA よりもかなり多く m6A を含んでいる。興味深いことに、ラウスサルコーマウイルスは、細胞培養系で検討したとき、m6A があった場合とない場合で増殖は同様であり、ウイルス mRNA の m6A の機能は見られなかった。ウイルス RNA に m6A が存在すると、ウイルスが免疫活性化を避けるように作用しているのかもしれない。ウイルス mRNA で見られる m6A 修飾の割合は、インフルエンザ RNA の 1.8kb の長さの部分あたり、8 個までで、RNA の樹状細胞活性化の抑制に十分であることもわかっている。

　先述したように、パーディ、カリコ、ワイスマンらは 2015 年、脂質ナノ粒子に包んだ修飾 mRNA（mRNA-LNP）を、マウスに注入すると、ごく少量の mRNA で効果的なタンパク質合成が可能であることを実証した（1001）。
　mRNA ベースの治療薬が持つ優位性は、以下のとおりである。
　1）mRNA は宿主ゲノムに挿入できないので、挿入突然変異の潜在的な危険性がない
　2）mRNA は宿主細胞の細胞質への送達で十分で、そこで、目的のタンパク質が合成される
　3）mRNA は細胞内で一過的に合成されて、その後、制御可能な時間軸ではないが、相対的には短い時間で分解させる

このような mRNA を、ワクチンを含めた治療薬として利用するためには、4つのハードルを超えなければならない。

1）タンパク質翻訳の能力の低さ

2）RNA 安定性の欠如

3）非効率的な生体内送達

4）自然免疫センサーの不活化

これらに対しての解決方法は下記の通りだった。

1）mRNA のタンパク質への翻訳能力及び安定性の向上のために、5 キャップ構造の追加、5' 及び 3' の UTR（非翻訳領域）の最適化、そして、コーディング配列及びポリ A テイルの修飾を mRNA に施した。

2）シュードウリジンまたは 1- メチルシュードウリジンのような修飾ヌクレオシドの導入により、タンパク質合成が増加して、mRNA の免疫原性が低下した。

3）この非免疫原性の mRNA 使用は非常に重要である。なぜなら、一連の自然免疫受容体（TLR3、TLR7、TLR8 など）が RNA を認識して、I 型インターフェロンの遊離、インターフェロン誘導遺伝子の活性化、タンパク質翻訳を阻害するからである。

　このような背景の中で、パーディらの実験がなされた。そして、LNP（脂質ナノ粒子）で包まれた 1- メチルシュードウリジン修飾 mRNA（ホタルのルシフェラーゼをコードする mRNA）が、培養細胞とマウスの実験で検討された。マウスの実験では、投与方法として、6 種類が検討された。1）静脈、2）腹腔内、3）皮下、4）筋肉内、5）皮内、6）気管内の各ルートである。

　その結果、mRNA-LNP を皮下、筋肉内及び皮内注射した場合、注射部位で局所的に 10 日までタンパク質への一過性の翻訳が見られた。気管内ルートでは、肺に高レベルのタンパク質合成が数日間見られた。静脈内、腹腔内、そして、程度は少し低いが、筋肉内及び気管内ルートでは、mRNA-LNP が全身性に移動して、肝臓で、1 日から 4 日間、mRNA の活発な翻訳が認められた。この結果から、LNP は、mRNA を生体内で運ぶ適切なキャリアであることが証明され、そ

して、ワクチンも含めた治療用タンパク質をコードする mRNA を送達する重要なツールとなることが証明されたのだった。

腹腔内、静脈内、深部筋肉内で注射すると、肝臓で最も強いタンパク質合成が見られた。

このように、動物実験で mRNA-LNP の医薬品としての可能性が証明された。

13.3 mRNA ワクチンの成否を分けた技術とは？

COVID-19 mRNA ワクチンは、代表的なものとして、1）ファイザー／ビオンテック社、2）モデルナ社、そして、3）キュアバック社のものがある。ファイザー／ビオンテック社とモデルナ社のワクチンは、既に多くの人に接種されているが、ドイツのキュアバック社のワクチンは挫折した。

ファイザー／ビオンテック社とモデルナ社の mRNA ワクチンは、カリコ博士とワイスマン教授らの研究結果に基づいたものであるのに対し、キュアバック社のものは、独自の戦略に基づくものだった。

日本 RNA 学会ホームページ上に、島根大学の飯笹久氏が、成功した 2 社の mRNA の特徴を簡潔に下記のように纏めている（1331）。

ビオンテック社のワクチン（BNT162b2: Tozinameran）の場合、Cap1（模式図参照）は改良型になっている。5'UTR（untranslated region：非翻訳領域）は human alpha globin 由来の配列である、この下流に新型コロナウイルスの感染に重要なスパイクタンパク質のシグナルペプチド、さらにコード領域を組み込んでいる。コード領域には、K986P、V987P という 2 つの変異を挿入することで、中和抗体が産生されやすいようになっている。さらに、3'UTR には amino-terminal enhancer of split（AES）という遺伝子に由来する配列と、ミトコンドリアの 12S リボゾームに由来する配列が挿入されており、これらの配列により RNA の安定化と翻訳効率の増加が行われる。この後には、polyA が付加されている。もちろん、ウラシルは全て 1-メチルシュードウリジンに置換されている。このワクチンの保存は－ 80℃となっている。全長は 4,284 塩基にもなる長大な mRNA である。

一方、モデルナ社のワクチン（mRNA-1273）の場合、詳しい情報がまだ公表されていないのだが、論文によると Cap1 の下流は全てスパイクタンパク質

7－メチルグアニン酸（m7G）
キャップ構造模式図

真核生物のmRNA分子の5'末端：三リン酸結合を介して、グアノシンが、特徴的な5'－3'結合ではなく、5'－5'結合している。そして、このグアノシンのグアニン塩基の7位がメチル化されている。

の配列で（K986P、V987Pは用いている）、ウラシルは全て１メチルシュードウリジンに置換されている。おそらく製剤的な工夫がなされていると思われるが、このRNAがなぜ、－20℃で保存可能になったのかは、詳細がわからない。

真核生物のmRNA分子の5'末端には三リン酸結合を介してグアノシンが結合している。このグアノシンのグアニン塩基は7位がメチル化されるので、7-メチルグアニル酸（m7G）キャップとも呼ばれる。多細胞生物やある種のウイルスでは、このcap-0に加えてmRNAの最初１つまたは２つのリボースの2'位がメチル化される。最初１つがメチル化されているものをcap-1、最初２つがメチル化されているものをcap-2と呼んでいる。

この5'末端のキャップ構造は、日本人の研究者が発見した。新潟薬科大客員教授の古市　泰宏氏が、国立遺伝学研究所（遺伝研：静岡県三島市）と米ロッシュ分子生物学研究所に在籍中に発見したものだ（1332）。

古市氏は、ウイルスmRNAがS-アデノシルメチオニン（SAM）によりメチル化されることや、mRNAの5'末端にキャップ（m7GpppNm）と呼ばれる構造があることを発見した。古市氏は、1970年、東京大学薬学系研究科の博士課程を終えて、遺伝研に新設された分子遺伝部に就職し、三浦謹一郎部長の下で２本鎖RNAをゲノムとしてもつ蚕CPVを用いた研究を行った。蚕CPVは、細胞質多角体病ウイルス（CPV）で、RNAウイルスである。1974年２月、ウイルスmRNAをメチル化するという大発見をNucleic Acid　Researchに投稿して、夏頃（6月か7月）にこの論文が公開された。同年9月、レオウイルスでは、7mGpppGmが、CPVでは7mGpppAmがmRNAの5'末端構造であることを明らかにした論文が、1974年9月、Nature誌に受理された。このように日本人基礎研究者の半世紀も前に発見されたキャップ構造が、今回のmRNAワクチンの文字通りの「礎」となった。

キュアバック社 COVID-19 mRNA ワクチン

　Science（2021年6月18日配信）に、ライターのジョン・コーエン氏が、キュアバック社のmRNAワクチンがなぜ失敗したかを解説している（1333）。キュアバック社のmRNAワクチンも、ファイザー／ビオンテック社とモデルナ社同様に、SARS-CoV-2のスパイクタンパク質をコードするmRNAを用いている。ワクチンの有効率は、ファイザー／ビオンテック社及びモデルナ社ワクチンでは90％以上だったのに対し、キュアバック社のワクチンは47％と精彩を欠いた。規制当局が緊急使用として承認する50％以下だった。この有効性に関する臨床試験は、約4万人の登録者（ラテンアメリカ75％、欧州25％）で行われた。中間報告は、少なくとも1つのCOVID-19症状を呈した134人の評価を行った結果である。同社は詳細を報告しなかったが、47％の有効率から計算すると、プラセボ群で約88症例、ワクチン接種群で46症例となる。厳しい現実を突きつけるような数値だった。キュアバック社のCEO、フランツ・ワーナー・ハース氏は、この残念な結果は、現在多くのSARS-CoV-2の変異株が循環しているからかもしれないと述べた。病気になった124人の参加者の遺伝子配列を解析した結果、13種類の異なる変異株が見いだされた。感染者の1％のみが、本ワクチンで使用したmRNAのS遺伝子にマッチした。

　その他の有効性評価の臨床試験では、ある種のコロナウイルス変異株に対しては、COVID-19ワクチンが、軽症の発症予防効果を示したが、最も強力な変異株は、その他のワクチンの有効性を弱めた。キュアバック社の試験で、ベータ株（南アフリカ変異株）は観察されなかったが、アルファ株（英国変異株）が全体の124症例の41％、欧州で生じた44症例の91％を占めた。

　米国メリーランド大学のキャスリーン・ノイツェル氏は、キュアバック社の有効率の低さが変異株によるものであるとの説明に対しては疑念を抱いている。キュアバック社ワクチンと異なり、ファイザー／ビオンテック社とモデルナ社のワクチンは、アルファ株に対しても効果はある。異なるワクチンの試験を比較するのは困難ではあるが、変異株の流行のみでこの有効率の差異を説明するのは難しいと述べている。

　ペンシルバニア大学のドリュー・ワイスマン教授は、「キュアバック社で用いているmRNAのタイプが抗体生成を低くしているのかもしれない」と述べてい

る。一方、ファイザー／ビオンテック社とモデルナ社のワクチンでは、ワイスマン教授とカリコ博士の技術が用いられている。キュアバック社のワクチンは、非修飾型 mRNA を用いている。自然の mRNA が体内に注射されると、インターフェロンの産生の引き金となり、免疫システムを活性化させることになる。キュアバック社は、この点こそ、自社のワクチンの優位な点であると宣伝していた。しかしながら、ワイスマン教授は、「インターフェロンは、B 細胞に抗体を作らせるように指令するヘルパーT細胞の生成を阻止することになる」と述べている。

　これに対して、ファイザー／ビオンテック社とモデルナ社の mRNA ワクチンは、RNA の構成成分の 4 種のヌクレオシドの 1 種、ウラシルを化学的に修飾してある。ワイスマン教授らのグループは、2018 年、ウラシル修飾 mRNA が強力な中和抗体及びその他の防御的免疫応答を、動物モデルで、誘導できることを明らかにした。また、ビオンテック社の研究により、修飾及び自然の mRNA ワクチンを比較した結果、修飾により、抗体応答がブーストされたことも明らかとなった。

　キュアバック社の試験を手助けしたテュービンゲン大学病院のピーター・クレムスナー氏は、その他の要因として、ワクチン投与量の少なさを挙げている。キュアバック社の第 1 相試験では、2 μg と 20 μg の投与量を用いて、安全性及び誘導された免疫応答を比較した。この試験により、より高い投与量は、おそらく自然のウラシルであるために忍容性が低く、用いるべきではないことがわかったと述べている。その結果、キュアバック社は、最良の安全性プロフィールを最も高い中和抗体誘導とバランスさせて、12 μg の投与量に決定した（1334）。因みに、ファイザー／ビオンテック社は、30 μg、モデルナ社は、100 μg である。キュアバック社は、「ワクチンのデザインが、投与量より重要である」と述べた。

表　各種 COVID-19 mRNA ワクチンの特徴
＊投与量は 1 回当たりの量（2 回接種）

会社名	修飾ヌクレオシド	投与量
Pfizer-BioNTech 社	○	30μg
Moderna社	○	100μg
CureVac社	×	12μg

　その後、キュアバック社は、サルの試験で、現行のワクチンを次世代型のワクチンと比較した。メガファーマであるグラクソ・スミスクライン社との共同研究で開発している次世代型のワクチンは、細胞内で

より安定化できることを報告した。

　また、Nature（2021年6月18日配信）にも、ライターのエリー・ドルジン氏によるキュアバック社ワクチン失敗の記事が掲載された（1335）。キュアバック社のワクチンは安価で、より長期間の冷蔵・冷凍保存ができ、ファイザー／ビオンテック社やモデルナ社のもの製品よりメリットがあったので、多くの人が低所得国でも使用できると期待していた。4万人での臨床試験で、感染予防効果がわずか47％だったが、キュアバック社の幹部は、この悪い結果はペルーで最初に検出され、欧州及びラテンアメリカの10ヵ国で蔓延しているSARS-CoV-2のラムダ株のような変異株が影響したからと述べている。本臨床試験は、確かに、これらの国で実施されていた。COVID-19症例の129例のうち、わずか、1例のみがオリジナル株だった。しかしながら、その他のmRNAワクチンは、変異株があっても、かなりより良い結果が得られている。例えば、ファイザー／ビオンテック社ワクチンは、アルファ株（英国変異株B.1.1.7）に対する発症予防効果が92％、デルタ株（インド変異株）に対しても、83％の予防効果があった。カタールでの研究でも、アルファ株に対して約90％、ベータ株（南アフリカ変異株B.1.351）に対しても75％の有効率だった。これらの有効率の差異は、ワクチン自身の問題であると思われることになった。

　上述したが、キュアバック社のmRNAは、非修飾のRNAを用いていて、「修飾mRNAがこのゲームでは勝利した」と、ベルギー・ゲント大学のmRNAワクチン研究者のレイン・ベルベッカ氏は述べている。その他の理由として、キュアバック社の配列のノンコーディング領域の構造的な差異が問題だった可能性である。キュアバック社のワクチンの保管温度がより高いことが、バイアル瓶中でのmRNAの分解を促進し、遺伝子コードの断片が免疫反応を刺激した可能性である。

　キュアバック社は、ドイツのバイオテック会社であるが、2020年3月に欧州共同体（EC）から8,800万ドル（約97億円）の資金を受けて、mRNAワクチンの工場建設を急いだ（1336）。2020年8月には、臨床試験のために、本ワクチンは投与量が少ない利点があると宣伝し、新規公開株で2.13億ドル（約234億円）を調達した。しかしながら、上述したように、4万人の参加者の第2／3相臨床試験の中間解析で、COVID-19に対するワクチン有効率がわずか

47%だった。この結果の発表から数時間以内に、株価は、39%低下した。そして、キュアバック社は、2021 年 7 月 1 日付けで、COO（最高執行責任者）に、マルテ・グリューネ氏を指名した。グリューネ氏は、サノフィ・アベンティス社で約 10 年間、種々の管理職として、働いており、世界的な医薬業界では広く認められている専門家である。

13.4　mRNA ワクチンの作用機序

SARS-CoV-2 mRNA ワクチンにより誘導される免疫応答は、動物実験から下記のように考えられている（1341）。

- SARS-CoV-2 mRNA ワクチンが筋肉内注射される。
- mRNA-LNP かまたは局所的に産生された抗原のどちらかが、樹状細胞のような抗原提示細胞により、取り込まれる。
- これらの抗原提示細胞は、次に、CD4 陽性及び CD8 陽性 T 細胞をプライミングすることができるリンパ節に移動する。
- CD8 陽性 T 細胞のプライミングは、感染細胞を直接に殺すことができる細胞傷害性 T 細胞を誘導することができる。
- 抗原でプライミングされた CD4 陽性 T 細胞は Th1 細胞または T 濾胞性ヘルパー（Tfh）細胞に分化することができる。
- Tfh 細胞が胚中心反応を開始する手助けをする。ワクチン接種で誘導される胚中心反応により、親和性成熟 B 細胞及び抗体分泌長寿命プラズマ細胞の形成へと至る。
- Tfh 細胞は、Th1 または Th2 表現型のどちらかへと誘導する。
- このことにより、抗体分泌長寿命プラズマ細胞により産生される抗体の Th1 または Th2 関連抗体へのクラススイッチイングに影響を与えることになる。

　mRNA の取込み／生体内分布及び mRNA ワクチンに対する自然免疫応答が、獲得免疫応答開始に重要である。

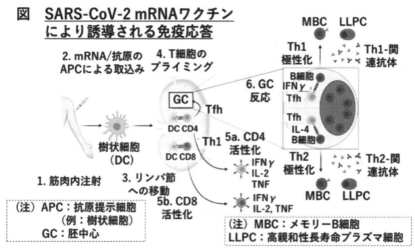

（出典：Vaccines2021;9(2): 147. doi:10.3390/vaccines9020147）

　重要な事実は以下のとおりである。

1）mRNA-LNP ワクチン構成体は、Th1 サイトカイン（IFNγ、TNT 及び IL-2 など）の産生を確実に誘導する。

2）ファイザー／ビオンテック社及びモデルナ社の mRNA ワクチンで免疫した アカゲザルの実験では、全体の CD4 T 細胞では、Th1 に極度にバイアスが かかっていた。

3）mRNA-LNP ワクチンは Tfh 細胞が Th1 表現型をもった細胞にバイアスが かかる。

4）これらの知見から、SARS-CoV-2 mRNA-LNP ワクチンは、全体の CD4 細胞が Th1 の方向に機能的に極性化する。

　マウスの実験で、Th2 バイアス免疫応答は、IgG のアイソタイプである IgG1 産生に関連した。逆に、Th1 バイアス応答の場合は、IgG2 抗体産生に関連し ている。

　マウスの実験で、ワクチン誘導による IgG1 産生へのバイアスは、SARS-CoV モデルで、VARED（ワクチン関連呼吸器疾患増悪）を促進したことが示 されている。

このように、感染防御に中心的な抗体以外にも T 細胞が重要であることがわかる。

1）CD4 T 細胞の中で、T 濾胞性ヘルパー（Tfh）細胞が、GC（胚中心）と親和性成熟抗体応答の重要なレギュレーターである。

2）その他の CD4 T 細胞サブセットは異なる重要な機能を果たしていると思われる。例えば、最適な CD8 T 細胞応答を促進したりする。

3）細胞傷害性 CD8 T 細胞は、ウイルス等の病原体が感染した細胞を、グランザイムやパーフォリンのような分子を放出して、直接的に殺す働きをしている。したがって、ワクチン接種後、防御的な抗体がウイルス感染による増殖を完全に阻止できなくなった場合、"セーフティ・ネット" として重要である。さらに、ある場合には、ワクチン誘導 T 細部応答が、防御的応答として関係することもできる。

4）原発性免疫不全症である無ガンマグロブリン血症の患者の研究では、適正に機能する B 細胞及び抗体応答がない時、T 細胞の含むその他の細胞が軽症・中等症の SARS-CoV-2 感染を排除できるかもしれないことが示唆されている。

[1301] 内藤忠相 , 川口敦史， 永田恭介 . インフルエンザウイルス RNA ポリメラーゼの構造生物学 . ウイルス . 2009; 59(1): 1-12. http://jsv.umin.jp/journal/v59-1pdf/virus59-1_1-12.pdf
[1302] Yannick Galipeau et al., Humoral Responses and serological assays in SARS-CoV-2 infections. Front. Immunol., 2020-12-18. https://doi.org/10.3389/fimmu.2020.610688
[1321] Katalin Karikó 1, Michael Buckstein, Houping Ni, Drew Weissman. Suppression of RNA recognition by Toll-like receptors: the impact of nucleoside modification and the evolutionary origin of RNA. Immunity. 2005; 23(2): 165-75, doi: 10.1016/j.immuni.2005.06.008.
[1331] 投稿者 飯笹久（島根大学学術研究院医学・看護学系）"mRNA ワクチン：新型コロナウイルス感染を抑える切り札となるか？" 日本 RNA 学会 . https://www.rnaj.org/component/k2/item/855-iizasa-2
[1332] 投稿者 古市泰 . "＜走馬灯の逆廻しエッセイ＞第 1 話 RNA 研究、発見エピソードの数々―はじめに キャップ構造の発見 ." https://www.rnaj.org/newsletters/item/383-furuichi-1
[1333] Jon Cohen. "What went wrong with CureVac's highly anticipated new mRNA vaccine for COVID-19?" Science. 2021-06-18. doi:10.1126/science.abk0458
[1334] Peter Kremsner et al. Phase 1 assessment of the safety and immunogenicity of an mRNA- lipid nanoparticle vaccine candidate against SARS-CoV-2 in human volunteers. medRxiv November 09, 2020. doi: https://doi.org/10.1101/2020.11.09.20228551
[1335] Elie Dolgin. CureVac's COVID vaccine let-down spotlights mRNA design challenges. Nature. 2021; 594:481, doi: https://doi.org/10.1038/d41586-021-01661-0
[1336] Millie Nelson. "CureVac exec shake up following low COVID-19 vaccine efficacy." BioProcess International Ins & Outs, 2021-07-01, https://bioprocessintl.com/bioprocess-insider/deal-making/ins-outs-CureVac-exec-shake-up-following-low-covid-19-vaccine-efficacy/
[1341] Bettini E.; Locci M. SARS-CoV-2 mRNA vaccines: immunological mechanism and beyond. Vaccines. 2021; 9(2):147, doi:10.3390/vaccines9020147

14 ある路傍の科学者の軌跡

筆者も時代史的には、カリコ博士と同じ時代を生きてきた。

大学の自治、学費値上げ反対などを求めた学生運動が、全国的に拡大する中、全学共闘会議（全共闘）及び新左翼の学生が、東京大学本郷キャンパス安田講堂を占拠していたが、1969年（昭和44年）の1月18日から19日に、大学から依頼をうけた国家権力の警視庁が大学に入り、その占拠の封鎖解除を行った。そして、その年の東京大学の入学試験は中止となった。この安田講堂事件から学生運動が下火になっていったが、安田講堂事件から3年後の1972年（昭和47年）2月、連合赤軍による"あさま山荘事件"が起こって、日本に衝撃を与えた。新左翼連合赤軍のメンバー5人が、軽井沢のあさま山荘に人質をとり、2月19日から、機動隊が強行突入した2月28日まで10日間のドラマのような現実だった。この10日間、筆者を初めほとんどの人がテレビに釘付けにされた。その人質解放に成功したあと、筆者は、東京大学の第1次試験、そして、第2次試験の5科目9教科の試験に臨んだ。

昭和47年3月、福島県立白河高校を卒業して、同年4月、東京大学理科I類に入学した。

入学当初は、大学は、学費値上げ反対闘争が燻り、立て看がいたるところにあり、大学は、いつまでたっても始まらなかった。筆者の子供時代は、湯川秀樹博士が、1949年、日本で初めてノーベル賞を受賞した影響もあり、子供心に、京都大学で理論物理学を目指すのが夢だった。筆者の場合、生まれも育ちも福島県なので、家庭の経済状況から、福島から京都に行くことはほとんど不可能だった。従って、高校3年の夏、志望校を京都大学から東京大学に変更した。理科I類に入学したのも、理学部の物理学科へ進学するためだった。東京大学の良さの1つに、大学入学後の教養学部時代の1年間半で、自分の専門を選択できることだった。2年後期から専門課程に進学振り分けされるが、物理学科は、かなりの学生の第1志望で、進学先では、トップの学科だった。筆者の成績では全くほど遠く、第2志望にした宇宙工学科に進学することにした。

しかしながら、もともとが理論物理学を目標としてきたため、宇宙工学の授業にはほとんど出ることはなかった。入学時に、大学の授業が開始されなかったので、中学時代に部活で慣れ親しんでいた卓球部に入って、大学の講義が始まるのをまった。その卓球部でたまたま意気投合した鳥取の高校から来た田中淳氏（大学院修士のあと、京セラに就職）とともに、禅の勉強会を始めて、禅の世界に深くのめり込んでいった。このような背景もあり、物理学から人間学に興味の重心が変化していった。宇宙工学科に進んだある秋の日の夕方、担当教官だった、天体物理学の小尾信彌教授に相談した。「なかなか、興味もわかないので、大学を中退しようと思っている」と小尾教授に話すと、夜の9時ぐらいまで、数時間、付き合ってくれて、「まだ、若いのであるから、そんなに早い結論を出さなくてもいいだろう。立ち止まって、考えてみてはどうか」と、助言を頂き、大学を中退するすることは、保留にした。そして、1年、留年した。

　このような大学生活を送っていたので、当然ながら留年しても、物理学科へは到底進学できなかったが、細胞と細胞の認識に関与する糖鎖の研究は面白いかもしれないと考えて、学部は、最終的に工学部の応用化学科に進学することにした。学部での研究は、合成多糖類に関する研究を行った。その後、物質の究極的なものではなく、生物の究極的な遺伝子や物質が研究できる理学部の生物化学に、大学院で進路を切替えた。工学部から理学系大学院への転向なので、他大学からと同じ条件下での受験競争となった。大学入試の競争率は、高々、3倍程度だったが、大学院入試は外部からなので20倍程の競争率となった。

　1977年4月に、東京大学理学系研究科修士課程の生物化学科に入学し、溝渕研究室に入った。当時、東京大学で遺伝子工学を行っている教室は数えるほどしかなく、医学部の本庶佑先生（抗体のクラススイッチング）、薬学部の水野伝一先生（SV40）、そして、理学部生物学科の岡田吉美先生（タバコモザイクウイルス）そして、同学科の溝渕潔先生（BF23 バクテリオファージ）など、数カ所で行われているだけだった。

　1978年に約600名の会員で日本分子生物学会が発足した。第1回年会の準備には、渡辺格先生の下、内田久雄先生、岡田吉美先生、関口睦夫先生、三浦謹一郎先生そして溝渕潔先生の5人が実行委員となった。

　筆者の指導教官である溝渕潔先生は、米国 MIT の研究室で、バクテリオファー

ジの研究をされていて、同じ建物にいた、あの二重らせん構造の発見者のジム・ワトソンとはだいぶ議論したことをお聞きした。溝渕研の助手には、岡田清孝氏がいた。岡田助手は、その後、米国ハーバード大学でHLA（ヒト白血球抗原）の研究をされ、日本に帰られてからは、京都大学の教授や岡崎の基礎生物学研究所の所長等をなされている。岡田清孝氏は、1969年東大安田講堂事件で東大の入学試験が中止になった年の受験生で、受験校を東京大学から京都大学に変更したとのことだった。京都大学では、理学部生物物理学教室の小関治男先生の門下生となった。この時、小関研究室には、"4羽ガラス"と言われた優秀な学生がいた。岡田清孝氏、バーゼルの免疫研究所で利根川進博士と一緒に抗体遺伝子の再構成の実験をした坂野仁氏（後、東京大学理学部生物学科教授）、デルタクリスタリンの研究で有名な近藤寿人氏（大阪大、名古屋大教授等を歴任）、そして、生田茂氏（東洋醸造株式会社、旭化成株式会社）の4人である。

　筆者が、この4人のうち、奇しくも、3人と係わることになった。岡田清孝氏には、東京大学理学部生物化学科の溝渕研で、バクテリオファージの実験のご指導を受け、それ以外にもかなりご造詣の深い仏教学に関するお話もお聞きすることができた。生田茂氏には、筆者が東洋醸造に出向した時に、免疫グループのリーダーであり、ご指導を受けた。そして、坂野仁氏には、筆者の博士論文の審査員となって頂いた。近藤寿人氏には、直接の面識はないが、近藤氏が岡崎基礎生物学研究所におられたときの所長である岡田節人氏に、京都の白川のテニスクラブで何度かテニスのご指導を受けたことがある。

　溝渕研での筆者の研究テーマは、BF23バクテリオファージ遺伝子の発現機構の解析だった。BF23バクテリオファージはT5系のファージであるが、大別して3つの遺伝子を持っている。前初期、初期、そして、後期遺伝子である。これらの遺伝子が、RNAポリメラーゼと宿主因子の関与で読まれていくが、その機構の解明だった。分子生物学の黎明期だったため、この当時は、市販の制限酵素がなく、医学部の本庶佑先生のところから、溝渕先生がいだだいたEcoRI及びHindIII を用いて実験を行っていた。筆者の大学院時代は、1977年から81年であるので、本庶佑先生は、抗体のクラススイッチの機構の解明、他方、バーゼルの免疫研究所では利根川先生が抗体遺伝子の再構成の研究を熾烈な競争の中でされていた時だった。

このように、筆者の周囲には優秀な人材があまりにもたくさんいて、筆者は科学者として生きる道は諦めかけていたとき、偶々、指導教官の溝渕先生が、筆者の将来を心配して、1980年の春、「旭化成が遺伝子工学研究室を立ち上げるために、人材が欲しいといっているが、君どうかね」と言われた。その当時、理学部から企業に行く人はほとんどいなかったのと、旭化成自体をほとんど知らなかったので、3日以内に返事をくれと言われても戸惑った。たまたま、合成化学時代の同じ教室の親友が旭化成の延岡の研究所に配属になっていたので、その親友に、旭化成の印象を聞いた。彼が言うには、「比較的自由な雰囲気で研究ができるのでわるくはないよ」と言われて、筆者は、1981年4月、旭化成に入社することになった。博士課程を2年で中退して、旭化成の中央研究所がある静岡県富士市に行くことになった。1981年の同期入社は290名ほどいたが、入社した4月の1カ月間は、延岡の研修所で入社研修が行われた。その時、マラソンでは世界のトップクラスだった宗兄弟が延岡にいたので、研修生の毎朝6時のマラソンに、時折、飛び入り参加してくれた思い出がある。"本当に速かった"との強い印象がある。そして、1981年の10月に、旭化成に遺伝子工学研究室がスタートした。

　その当時は、細胞培養の黎明期だったため、細胞増殖因子である上皮細胞増殖因子（EGF）のクローニングを始めた。材料は、マウスの顎下腺を大量に集めて、ポリゾーム法で、mRNAを濃縮することから始めた。カリコ博士らを苦しめたように、mRNAは非常に不安定で、コンタミのRNA分解酵素ですぐに分解されてしまい、その精製は困難を極めた。残念ながら、その実験は失敗した。

　1981年10月からスタートした遺伝子工学研究室で、通商産業省（現在の経済産業省）の次世代産業基盤技術研究開発の大量細胞培養技術のグループに属して、研究することになった。大量細胞培養の技術の確立の中で、対象物質として、白血病の治療薬である分化誘導因子を発見することだった。白血病細胞に分化誘導因子を作用させて分化成熟させて白血病を治療するとの戦略だった。この研究は、オーストラリアのメットカーフらのグループに負けたが、この因子は、幹細胞増殖因子（SCF）でもあったことが後の研究であきらかになった。この通産省の仕事の中で、海外のバイオテクノロジーの技術動向の調査もあった。筆者は、1985年（昭和60年）、米国の10社ほどのバイオテクノロジーの会社を訪問

して意見交換した。細胞培養のメッカであるレイクプラシッドにあるゴードン・サトー所長率いる W・アルトン・ジョーンズ細胞科学センター、植物の遺伝子工学の先駆者であるモンサント社、カリフォルニアのカイロン社（後に、PCRを発見してマリスが仕事をしていたシータスを買収。2006 年、スイス・バーゼルのノバルティス社に買収された）、アトランタの米国 CDC などを 1985 年の 12 月に訪問した。

　この海外視察の後、1989 年、カイロン社のホートン博士らにより、C 型肝炎ウイルスの遺伝子の構造と塩基配列が決定された。当時、non-A、non-B 型肝炎ウイルス（C 型肝炎ウイルス）の共同研究を、東京大学医学部第 3 内科の高久史麿先生、井廻道夫先生、中釜斉先生、そして、郡司 俊秋先生としていたが、この競争もカイロン社に先を越された。

　1989 年、筆者は、旭化成の富士市の中央研究所から伊豆市の東洋醸造に出向させられた。研究員の交流を図るとの目的で、研究員 3 人対 3 人のトレードだった。しかしながら、旭化成に戻ることなく、出向して 3 年後の 1992 年、旭化成と東洋醸造の対等合併がなされた。表面的には対等合併だったが、会社規模が 10 倍程度違うので、実質的な人事権は旭化成に委ねられることになった。ビジネスの世界の非情さを身近に感じた時でもあった。

　東洋醸造に出向した 1989 年、筆者は診断薬事業部門に配属され、その診断薬研究部の部長が美崎英生博士だった。この美崎博士こそ、東洋醸造の医薬品開発が遅々として進まず存亡の危機にあった時に、診断薬用酵素の研究開発で、会社危機を脱出させた研究者、そして、まさに "中興の祖" と聞いていた。この美崎博士は、臨床化学の世界では大学の教授も含めて全ての研究者が知っている人物だった。マリス博士が発見した PCR 法は、DNA ポリメラーゼ（複製酵素）が必須であるが、実用化を大きく前進させたのは、耐熱性酵素の発見だった。そして、目的の DNA 断片を増幅させるサイクリング反応だった。美崎博士グループは、臨床化学の世界でそれを実現していた。美崎博士らは、あらゆる土壌等の材料から有用な酵素を探し出すスクリーニングをしていた。その中に 100℃でも増殖できる超好熱古細菌、パイロコッカス・フリオサスなども含めて、酵素のスクリーニングを行っていた。美崎博士が研究室から数分のところの社宅に戻るのは夕食を食べる時間だけだったとも聞いている。マリス博士は、分子生物学の

分野でサイクリング法を開発したが、美崎グループは、臨床化学の世界において酵素サイクリング法を開発した。美崎博士には 1 男 3 女がおられるが、とある土曜日、三島から東京に行く新幹線の中で、美崎博士と彼の娘さん（女子高校生）にたまたまあった。高校生とは思えないほどの礼儀正しい、凛とした姿で簡単な挨拶を交わされたことを覚えている。自宅にほとんど帰ることのなかった中で、どのように、子供を教育したのかはわからないが、躾だけに関しては厳しくしたことは後で聞いた。

　その後、しばらくお会いしたことはなかったが、2021 年 4 月 24 日の読売新聞に、「地域を守る双子医師」と題した記事があった。静岡県掛川市の医院「あかりクリニック」を院長の美崎昌子さん、副院長の相馬明子さん（旧姓：美崎）が経営していた。もう、一人の娘は、兵庫県の病院で、産婦人科医として、働きながら、子宮内膜症の専門家として、世界中を飛び回っていることも聞いた。長男は、薬剤師として、いくつかの薬局の管理をしていた。1 男 3 女が、立派に成長されて社会の礎となっていた。このような美崎博士が分子生物学の世界にいたなら、マリス博士にも劣らぬ "狂気" で、世界を変革していたのかもしれない。

　美崎博士は、研究者であるとともに、人格者でもあった。国内出張、欧州や米国出張などで、何度か、ご一緒させて頂いたが、訪問先の大学の教授は当然ながら、研究員に至るまで、礼に始まり礼に終るとの武道にも通じるような形で、お話を進めた、トイレや廊下を掃除しているおじさん・おばさんに会えば、「ありがとうね」と、全ての人に対する礼儀を重んじる人だった。そのような人物だったためか、筆者の命の恩人でもあった。事業部長から追い詰められ、胃潰瘍になり、自律神経失調症寸前まで追い込まれた筆者の正論の "盾" になって守ってくれたのも美崎博士だった。そのような人間愛にあふれた偉大なる人格者だったため、企業における、冷酷なまでの非情さとは相容れず、昇進の階段を上り詰めることはできなかった。

　その診断薬研究部の免疫グループのリーダーが京都大学理学部生物物理学科出身の "4 羽ガラス" の一人、生田茂氏だった。

　筆者は、その生田氏のグループの一員となった。旭化成には博士課程 2 年中退で入社した。企業の研究であるため、纏まった研究論文を書くことは不可能に近かったが、この 1989 年の出向が筆者にとっては、幸運となった。診断薬研

究部で何をしてもよいからと言われ、さらに部下を4人つけて頂いた。肺がんの診断薬・治療薬としてのヒト型抗体の開発研究をすることにした。肺がん治療薬の共同研究先として、千葉市亥鼻にある千葉大学肺がん研究施設外科と神奈川県立がんセンターとした。5人の研究員に対して、年間1億円近い、研究費を出してくれたので、かなり基礎的なデータも含めて取得することができた。美崎研究部長の全面的な協力があった。美崎博士の戦う場所は臨床化学で、筆者は免疫だったので、分野は異なっていたが、研究を高く評価して頂いた。

　医学部や工学部の場合は、医術・技術に基づく部分が多分にあるので、基礎的なデータを積み上げなくても、博士号は取得できるが、理学博士となると、技術ではなく学問の範疇になるので、博士号取得のためのデータ取得は、広範な実験が必要となった。この出向という立場だったために、何とか、論文作成のためのデータを取得することができた。勿論、企業の研究であるため、特許出願後の論文投稿となった。

　研究を1989年に開始して、理学博士の学位を取得するまで、7年の月日を要することになった。理学博士を取得できたのは、1996年、43歳の時だった。入社当時、290人ほどの同期からは、"ドクターくずれ"との愛称で呼ばれていたが、足かけ15年で、何とか、理学博士の学位を取得することができ、この愛称を卒業することができた。この博士論文審査に係わった1人が、あの利根川進博士の下で抗体遺伝子の再構成の発見をした坂野仁教授だった。

　このように開発したヒト型抗体だったが、筆者の研究開発費がずば抜けて高かったため、バブルの時代の終わりとともに、研究が中止となり、そして、2000年（平成12年）12月、研究部から海外営業部の辞令が出されて、東京本社勤務となった。46歳を過ぎての初めての営業職となった。転勤後、1カ月もしない間に、海外担当であるため、慣れない貿易実務をこなしながらの海外出張となった。企業においては、いつ何に対しても対応できる術を身につけておかなければならないことを如実に感じた。特に、年齢が高くなってからは、教育などの期間は皆無に近いので、ある意味では、オールマイティに全ての業務をこなす必要があった。

　筆者の経験をカリコ博士やマリス博士と比べて見ると、何が異なるものだったかが如実にわかった。

「天才は、1％のインスピレーションと99％のパースピレーションからなる」と偉大な発明家のトーマス・エジソンは言った。

　カリコ博士やマリス博士、そして、おそらく、利根川進博士にも、狂気にも近い"ひらめき"があったものと思われる。それを具現化したのは、やはり、99％の汗だったのであろう。カリコ博士は、絶望的な状態であるときも、実験室の机の下で眠り、週末、休日は、科学論文を狂気の如くに読みあさり、そして、最後まで、自分の目標を失うことはなかった。自分を最後の最後まで信じていたから、成功に導かれたのだと思う。

　そのインスピレーションは、全ての人間に備わっていると思われる。99％のパースピレーションがなされた後で、自分自身はインスピレーションを持っていた自分だったのかどうかがわかるのである。従って、最後の最後にならないと、自分自身の評価はできないのであろうかと思う。だからこそ、全ての人が最後の最後まで、それぞれの目標に向かって突き進まなければならないのかもしれない。この"狂気"こそ、あのギリシアの大科学者アルキメデスも叫んだ"EUREKA"の雄叫びへと導くのではないかと思う。

　筆者が東京大学理科I類に入学したのは1972年（昭和47年）であるが、ドイツ語を第2外国語として選択したクラス47SI6Bで、50歳を超えたぐらいから、森坂学氏（元　トヨタでの小型車開発チーフエンジニア）がインターネット、電話等を駆使して同クラスの名簿を作り上げた。そのお陰で、毎年、定期的に同級会を駒場や本郷などで開催してきた。西出和彦氏（元東京大学大学院建築学専攻教授）には、地の利を活かして、同級会の場所の確保に奔走して頂いた。大学入学から半世紀過ぎて、各人の生き方が自分自身で評価できるぐらいに、それぞれの顔に歴史が刻まれたと思われる。どれだけのインスピレーションとどれだけのパースピレーションが各人の軌跡に残されたのかを各人が最終検証する段階となった。各人各様で、全く異なった分野で人生を歩んできているので、"人間社会の縮図"を見るような同級会となった。

　この人間社会を変革する力は、"狂気"の中に存在する"非連続的リープ（跳躍）"のような気がする。新型コロナウイルスに対するmRNAワクチンは、"ワープスピード"なる異次元的な時空の中で開発されたが、その"ワープ"を支えたカリコ博士の"連続的な不屈の精神に裏打ちされていた"事実を考えると、"継続"

という力で蓄積されたマグマの爆発が、"人間愛"という究極的なトリガーにより、非連続的な新しい世界を構築したことがわかった。

2018年4月21日：昭和47年入学から46年後の47SI6B同級会：東京大学駒場キャンパス

駒場キャンパス本館1号館：懐かしの教室での記念撮影

15 カリコ博士から若き学生及び 科学者へのメッセージ

　カリコ博士は、苦難の連続の中でも弛まず続けてきた mRNA 研究の経験を振り返り、日本の将来を担う若き学生と研究者に対するメッセージを筆者に届けてくれた。

若き学生及び科学者の皆さまに伝えたいこと
科学者というのは、実験し、思考を巡らせ、科学論文を読むことを楽しみ、実験室ではわくわくしています。また、生命に対する好奇心を持ち、かつ、持ち続けるものです。科学者は自分が変えられる物事だけに集中し、影響を与えられないことに気をそらすべきではありません。科学者の目標は、自然のごく一部を理解する手助けをすることです。
ネガティブなストレスをもポジティブなものに変えることを学ぶ必要があるでしょう。そうすれば、逆境も楽しめますから。さらに、失敗の後に立ち上がる方法も知らなければなりません。
大事なのは自分自身を信じることです。ときには吸収すべき知識の量が耐え難く思えるかもしれません。一方で教授や同僚科学者の知識に圧倒されそうになるかもしれません。それでも、あなたがた若い科学者は、仕事と同僚への敬意を忘れず、自分のなすべきことに集中して全力を注ぎ込めば、必ずや目標を達成できると、固く信じる必要があります。

幸運を祈って
ケイティ

The message to young students and scientists.
The scientists enjoy performing experiments thinking reading about science and having fun in the laboratory. The scientists are curious and stay curious for life. They need to focus on things that they can change and not to be distracted by thing they cannot influence. Their goal should be to help to understand a part of nature. They need to learn to convert negative stress to positive one so their life will be enjoyable during adversity. They need to learn how to stand up after failures. They need to believe in themselves. Sometimes the knowledge they must absorb seems unbearable enormous, the knowledge the professors and fellow scientists have is intimidating, but all young scientists need to believe that they will be able to accomplish their goals if they focus on the tasks put all their effort into it with the respect of the work and colleagues.

best wishes
kati

（2021 年 9 月 19 日のメール）

　このカリコ博士の言葉は、科学者のみならず、一般の若き人々に対しても、教訓的であると思われる。ネガティブなストレスをポジティブなものに変化させる力は、明日に繋がる駆動力である。失敗の後に、いかに立ち上がるかを学習することが、未来への架け橋になるというこのメッセージこそ、今後の日本が科学技術立国として、生き延びるための重要な課題のように思える。

　人生は、逆境や失敗に囲まれているのが常である。今回の100年に一度とも思われる新型コロナパンデミックは、日本も含めて全世界に深い傷跡を残した。この逆境で、どう学び、それを将来の困難に対処するために活かせるかで、日本の将来は決定づけられるとのメッセージであるのもしれない。

16 おわりに

　ハンガリーはまだ混乱の中にあるのかもしれない。

　2021年6月21日のBBCニュースの記事(ベトナム版)はこう伝えている。

　ハンガリーは、欧州連合の中で、カリコ博士とワイスマン教授の研究から生まれたCOVID-19 mRNAワクチンが最初に使用された国となった。しかし、2021年2月末に、ハンガリーの首相、オルバーン・ヴィクトル氏は、中国のシノファームが開発した不活化ワクチンを接種した。3月5日、彼は以下のように語った。

　「科学的イノベーションをより信頼する人々にとって、それはファイザー・ビオンテック社の技術です。さまざまな選択肢があります。私は古風で、これまでに受けたすべての予防接種で使用される方法を選択しました。これが私が中国のワクチンを選んだ理由です」と述べている(1501)。ハンガリーは人口が1,000万人未満の国であるが、2021年6月18日時点で、合計で約850万回のワクチン接種を完了した。510万人が少なくとも1回のワクチン接種、そのうち、360万人が2回の接種を受けた。

　ハンガリーでは、ファイザー製ワクチンが400万回分、中国シノファーム製が200万回分、ロシア製スプートニクVが180万回分、、モデルナワクチンが61万回、そして、ジョンソン・エンド・ジョンソン製ワクチンが7万6千回と、多種多様なワクチン接種が進められている。ヴィクトル首相の言葉とは異なり、ファイザーとモデルナのワクチンの投与数が半数以上を占めている。
このようなハンガリーの状況に鑑みれば、カリコ博士が米国に飛び出していなかったならば、今回の新型コロナウイルスワクチンの開発はなかったのかもしれない。歴史に"もしも"はないが、その"もしも"を考えた場合、カリコ博士の偉大さがさらに大きく見えてくるような気がする。

　娘のスーザンは「あなたはオリンピックで金メダルを2回受賞した、そして、お母さんは、新型コロナウイルスmRNAワクチンの開発で多くの人の命を救うことになった。そのことを、あなたは今、どう思っていますか?」と聞かれ、「率

直なところ、私たちは"アメリカンドリーム"の中で生きていると感じます」と答えたという。

　米国は、今でも確かに、努力する人の夢を実現する機会を提供してくれる場所なのかもしれない。カリコ博士の過去の研究を振り返ってみると、ハンガリーでは本当に優秀であったのかもしれないが、米国では、普通の研究者には耐えられない屈辱の日々をも経験した。その時を振り返りながら、カリコ博士は語った。

　「自分たちのゴールははるか遠くにあり、実際、フィニッシュラインがどこにあるのかも見えなかった。非常に困難な時期がたくさんあったが、"自分たちの道は間違いない"と信じて、目標に到達した。でも到達したらすぐに、さらなる次のレースがスタートする」。人類の歴史が感染症との戦いの歴史であったことを考えると、科学者は、いつでも、果てしなき戦いの戦場に身を置いているのかもしれない。このように新型コロナパンデミックの救世主となったカリコ博士ですら、いや、カリコ博士だからこそ、次なる目標を見据えた飽くなき戦いの中心にいる。

2020年　カリコ博士

　2020年12月、カリコ博士とワイスマン教授のmRNAの技術に基づいたファイザー／ビオンテックとモデルナのワクチンが、世界中の人に提供され始めた。ふたりの功績は世界中のメディアで取り上げられるようになった。

　2021年9月24日、米国・ニューヨークのラスカー財団は、アメリカで最も権威ある医学賞とされる「ラスカー賞」の臨床医学分野の受賞者に、ドイツ・ビオンテックの上級副社長のカタリン・カリコ博士と米国・ペンシルベニア大学のドリュー・ワイスマン教授を選んだと発表した。受賞理由について"有効率の高いCOVID-19ワクチンの迅速な開発"を可能にしたmRNAの修飾に基づく新規な治療技術を発見したことによるとした。スウェーデンのストックホルムにあるノーベル賞の選考委員会は、2021年10月4日医学・生理学賞の受賞者に、熱などを感じる仕組みを解明したいずれもアメリカのカリフォルニア大学サンフ

ランシスコ校のデビッド・ジュリアス氏と、スクリップス研究所のアーデム・パタプティアン氏の 2 人を選んだと発表した。残念ながらカリコ博士は選ばれなかった。

スペイン紙"エル・パイス"
2020 El Pais

フランス紙"ル・モンド"
2020 Le Monde

フランス誌"ル・ポワン"
2021 Le Point

ドイツ誌"プロフィル"
2021 Profil

　カリコ博士は、最後の最後にこう締めくくった。

　「この mRNA ワクチン接種により、新型コロナウイルスの感染拡大を防止して、いつか、このパンデミックを終らせることが、ノーベル賞の受賞よりも、自分にとっては、はるかに幸せである」と、人類全体の幸せを祈るように言葉を紡ぎ出した。

　岩手県稗貫郡（現在、花巻市）に生まれた宮澤賢治の言葉に通じる人間愛が、カリコ博士の飽くなき研究心の底流に、"狂気"の如く、脈々と流れていた。

　"世界全体が幸福にならないうちは個人の幸福はあり得ない"

（宮澤賢治「農民芸術概論綱要」）

　カリコ博士の生きる原動力、そして、研究の原動力は、紛れもなく、"病に苦しむ人を絶対に助けたい"との人間愛からくるものであった。

[1501] My, Nga, Trung. "Hungary: Thu tuong tiêm Sinopharm, dân duoc tiêm du loai vaccine（ハンガリー：首相がシノファームのワクチンを注射し、人々は米国、ロシア、中国からのあらゆる種類のワクチンを接種されました ."BBC ニュース . 2021-06- 21, https://www.bbc.com/vietnamese/world-57548652

あとがき

　新型コロナウイルスは、2019年12月、中国の武漢市で初めて報告され、その遺伝子情報が2020年1月10日公開された。その遺伝子情報を下に、mRNAワクチンの設計がすぐさま開始された。そして、2020年12月には、臨床試験も終えて、COVID-19の予防率が90%を超えるとの結果に基づき、米国食品医薬品局（FDA）の緊急使用許可の承認を得ることができた。この新型コロナウイルスの起源に関しては、世界保健機関（WHO）の精力的な調査にもかかわらず、未だ、解明されていない。この解明には中国の協力が絶対的に必要であるため、現時点では、その目処はたっていない。

　中国・武漢市（人口約1千万人）でのロックダウンが2020年1月23日から始まり、4月8日に解除されるまで、2カ月半を要した。また、欧州・イタリアでも、ロンバルディア州（人口約1千万人）及び北部地域の人口約1,600万人に対するロックダウンが2020年3月8日に開始された。ロックダウンと医療崩壊の悲惨さをまの当たりにした。この時点では、新型コロナウイルスSARS-CoV-2の実体がまだ解明されておらず、手探りの状態での医療そして研究が"精力的"かつ"恐怖の中"で行われた。

　このような悲惨な光景を見ていたカリコ博士は、自分たちのmRNAの研究が人類に対して貢献するのは、このときであると思ったに違いない。カリコ博士にとって、長くて苦しい助走であった。研究開始から、30年から40年の月日が経過していた。しかし、カリコ博士らのお陰で、人類最悪の事態は回避することができた。間に合った。カリコ博士の不屈の研究者魂は本書にも記載したように、彼女の中に、「科学者はどのようにあるべきか」に関する、失ってはいけない原点があると思う。

　筆者にとっても、命の恩人となった。新型コロナウイルス感染で重症化リスクの高いグループの筆者にとっては、自然感染の前のワクチン接種が至上命令であった。そして、カリコ博士が開発したmRNAワクチンの接種を無事終えることができた。カリコ博士にもお礼を申しあげた。筆者の人生で"命の恩人"は、カリコ博士で3人になった。

　カリコ博士以外の2人の1人は本書にも記載したが、臨床化学界で活躍し、私たちが日常的に受けている生化学的検査用の酵素を開発し続けてきた、優し

き人格者である美崎英生博士であった。そして、最後の 1 人は、茨城県大子町の慈泉堂病院・理事長の鈴木直文医師である。鈴木医師は、地域医療のために、365 日 24 時間体制で、30 年以上も貢献され、そして、2021 年 1 月には、日本医師会の第 9 回 "赤ひげ大賞" を受賞している。筆者とは、福島県の片田舎の保育園時代からの竹馬の友であるが、お互い、医師と研究者という形で、道はそれぞれ違ったが、毎年のように、何十年も顔を合わせてきた。筆者が、研究員を離れて海外営業で 30 数カ国の国々を訪れて、そのお話をするときなど、いつも関心を持って聞いて頂いた。そして、筆者が路頭に迷いそうになった時、阿吽の呼吸で、手を差し伸べてくれたのが、鈴木医師であった。鈴木医師は、カリコ博士とは患者に対する貢献の土俵は異なるが、毎日、連日連夜、生と死の狭間に身を置きながらの、待ったなしの献身的な医療を苦しんでいる患者に施している。このように、カリコ博士のような基礎的な研究者と鈴木医師のような臨床現場での医師という両輪で、初めて、人間を "病の苦しみ" から解放できるのであろうと思う。

　本書を書きながら、その時代史そして自分史を照らし合わせたとき、人間は、社会的な存在であることが再認識された。そして、社会的な存在である人間にとって一番重要なことは、「苦しんでいる人、弱い立場の人に如何に手を差し伸べることができるか」であると思う。そして、そのことから、「その人の "本当の人間" としての価値がわかるのであろう」との思いを強くした。このコロナ禍でその思いはさらに深化した。

　最後に、本書の執筆にあたっては、当然ながら、カリコ博士からの全面的なご協力を頂き、心から感謝致します。日本の科学の将来を担う若者へのメーセッジを送りたいとの筆者の情熱に、同じ科学者として、共感して頂いた賜であると思っている。また、東京大学理学系大学院（生物化学）で同期であった柿谷均技術士には、mRNA ワクチンに関して基本的なご教示を受け、心からの謝意を表したい。そして、医薬経済社の佐久間宏明氏には、全面的なご協力・ご支援を頂き、感謝の意を表します。そして、本書の執筆のために参考にした英語資料では、妻アーミーの協力のお陰で書き上げることができた。改めて、感謝致したい。

2021 年 10 月 6 日

筆者　吉成　河法吏

用語の説明

1. **COVID-19**：新型コロナウイルス感染症の正式名称（感染症を表す）

2. **SARS-CoV-2**：新型コロナウイルスの正式名称（2020 年 2 月に命名）（ウイルス名）

3. **2019-nCoV**：新型コロナウイルスの正式名称命名前のウイルス名（ウイルス名）

4. **SARS**：SARS とは、2002 年 11 月 16 日に、中国南部広東省で非定型性肺炎の患者が報告されたのに端を発し、2003 年に重症急性呼吸器症候群（SARS: severe acute respiratory syndrome）の呼称で報告された。β コロナウイルスの 1 つ。受容体は、SARS-CoV-2 と同じ ACE2(アンジオテンシン変換酵素 2)。致死率 9.6%。

5. **MERS**：MERS とは、中東呼吸器症候群であり、2012 年 9 月以降、サウジアラビアやアラブ首長国連邦など中東地域で広く発生している重症呼吸器感染症。β コロナウイルスの 1 つ。受容体は、ジペプチジル・ペプチダーゼ 4（Dpp-4)。致死率 36.0%。

6. **ゲノム**：ある生物のもつ全ての核酸上の遺伝情報。Gene（遺伝子）＋ -ome（総体）から成る造語（genome）。ヒトでは、約 30 億塩基対（bp：Base pair)、SARS-CoV-2 ウイルスでは、約 30,000 ヌクレオチド。

7. **PCR 法**：ポリメラーゼ連鎖反応（polymerase chain reaction）の略で、遺伝子増幅法

8. **自然免疫**：病原体等異物が侵入した時に、生体が最初に排除しようとする働きで、この免疫担当細胞には、好中球、マクロファージや樹状細胞などがある。

9. **獲得免疫**：感染したウイルス等の病原体を特異的に見分け、それを記憶し、その後、同じ病原体が感染した時に排除する免疫。この免疫担当細胞は、主に T 細胞（細胞傷害性 T 細胞[CD8 陽性 T 細胞]、ヘルパー T 細胞［CD4 陽性 T 細胞］など）や B 細胞のリンパ球である。

10. **遺伝子検査**：SARS-CoV-2 ウイルスは、遺伝子として、RNA を持っているので、その遺伝子、通常、その遺伝子断片が存在するかどうかを検査する。

11. **抗原検査**：SARS-CoV-2 ウイルスは、エンベロープタンパク質を持つウイルスなので、そのエンベロープタンパク質など、ウイルスを構成するタンパク質を免疫学的に測定する検査

12. **抗体検査**：SARS-CoV-2 ウイルスがヒトに感染すると、免疫反応がおこり、抗体産生細胞である B 細胞から、免疫グロブリン（IgG、IgA、IgM 等）が産生される。通常、血清中の IgG 抗体と IgM 抗体の測定を行う。感染後、抗体産生まで、約 1 週間かかるので、感染直後の抗体検査はできない。

13. **ヌクレオシド**：塩基と糖が結合した化合物の一種。代表的塩基としては、アデニン、グアニンなどのプリン塩基、チミン、シトシン、ウラシルなどのピリミジン塩基がある。アデノシン、チミジン、グアノシン、シチジン、ウリジンなどが代表的なヌクレオシドである。RNA の場合、基本的には、アデノシン、グアノシン、シチジン及びウリジンの 4 種類から構成される。

14. **修飾ヌクレオシド**：塩基の部分が化学的に修飾されたヌクレオシド。今回の COVID-19 mRNA ワクチン（ファイザー・ビオンテック社とモデルナ社）は、ウリジンの部分が、N1 −メチルシュードウリジンに置換されている。この修飾ヌクレオシドのお陰で、宿主細胞へ侵入する時、宿主の免疫防御網を突破することができて、さらに、mRNA の安定性も高めている。

15. **モノクローナル抗体**：体は、体内に侵入した細菌やウイルスなどの異物（抗原）から体を守るために「抗体」を作る。抗原にあるたくさんの目印（抗原決定基）の中から 1 種類（モノ）の目印とだけ結合する抗体を、人工的にクローン（クローナル）増殖させたものを "モノクローナル抗体" と名付けた。

著者　略歴

吉成河法吏

1953年生まれ
福島県立白河高校卒業
東京大学卒業　理学博士（東京大学、生物化学）
第1種放射線取扱主任者
旭化成株式会社、Invitrogen株式会社、神奈川工科大学非常勤講師等
現職：　株式会社道元　代表取締役社長、医療法人　聖友会　本部長代理

評伝　カタリン・カリコ

2021年10月26日　初版発行
著　著　吉成河法吏
装　丁　佐々木秀明
発行者　藤田貴也
発行所　株式会社医薬経済社
　　　　〒103-0023 東京都中央区日本橋本町 4-8-15
　　　　ネオカワイビル8階
　　　　電話 03-5204-9070　Fax 03-5204-9073
印刷所　モリモト印刷株式会社

©Yoshinari 2021,Printed in Japan
ISBN 978-4-902968-70-5